O poder destruidor da crítica

Coleção Paz Interior

- *Abra o coração e receba a paz* –
  Gustavo E. Jamut, omv
- *Como conservar a paz em meio às dificuldades* –
  Gustavo E. Jamut, omv
- *Levar a paz aos que dela necessitam* –
  Gustavo E. Jamut, omv
- *Maria, Rainha da Paz* –
  Gustavo E. Jamut, omv
- *O perdão de coração: chave da paz* –
  Gustavo E. Jamut, omv
- *O poder destruidor da crítica* –
  Gustavo E. Jamut, omv
- *O que nos tira a paz* –
  Gustavo E. Jamut, omv

Gustavo E. Jamut, omv

O poder destruidor da crítica

Paulinas

Dados Internacionais de Catalogação na Publicação (CIP)
(Câmara Brasileira do Livro, SP, Brasil)

Jamut, Gustavo E.
O poder destruidor da crítica / Gustavo E. Jamut ; [tradução Gilmar Saint'Clair Ribeiro]. — São Paulo : Paulinas, 2007. — (Coleção paz interior)

Título original: El poder destructor de la crítica
ISBN 978-85-356-2065-8
ISBN 950-861-795-0 (ed. original)

1. Audição 2. Comunicação interpessoal 3. Crítica pessoal 4. Fala 5. Mania de criticar 6. Paz de espírito I. Título. II. Série.

07-4978 CDD-177.2

Índice para catálogo sistemático:

1. Crítica pessoal : Poder destruidor : Ética das relações sociais 177.2

Título original da obra: *El poder destructor de la crítica*
© San Pablo, Buenos Aires (Argentina), 2005.

Citações bíblicas: *Bíblia Sagrada*. Tradução da CNBB, 2ª ed. 2002.

Direção-geral: *Flávia Reginatto*
Editora responsável: *Luzia Sena*
Assistente de edição: *Andréia Schweitzer*
Tradução: *Gilmar Saint'Clair Ribeiro*
Coordenação de revisão: *Marina Mendonça*
Revisão: *Mônica Elaine G. S. da Costa e Jaci Dantas*
Direção de arte: *Irma Cipriani*
Gerente de produção: *Felício Calegaro Neto*
Capa: *Wilson Teodoro Garcia*
Editoração eletrônica: *Manuel Rebelato Miramontes*

Nenhuma parte desta obra poderá ser reproduzida ou transmitida por qualquer forma e/ou quaisquer meios (eletrônico ou mecânico, incluindo fotocópia e gravação) ou arquivada em qualquer sistema ou banco de dados sem permissão escrita da Editora. Direitos reservados.

Paulinas

Rua Pedro de Toledo, 164
04039-000 – São Paulo – SP (Brasil)
Tel.: (11) 2125-3549 – Fax: (11) 2125-3548
http://www.paulinas.org.br – editora@paulinas.com.br
Telemarketing e SAC: 0800-7010081

© Pia Sociedade Filhas de São Paulo – São Paulo, 2007

*Quero agradecer a bacharel e psicóloga
Ema de Ferrara por sua amizade
e constante entrega a Deus,
ajudando os que necessitam.
Dou graças a Deus também por todos
os profissionais da saúde,
que, unindo a ciência à espiritualidade,
ajudam como o Bom Samaritano
a curar as feridas dos que mais sofrem.*

Introdução

*A aflição no coração deprime a pessoa,
mas uma palavra de animação lhe traz alegria.*
(Pr 12,25)

Nos dias de hoje, mais do que nunca, conservar a paz interior é, sem dúvida nenhuma, um grande desafio, que exige que estejamos atentos, simultaneamente, em várias frentes. De outro modo, pode-se facilmente perder a harmonia, sem que se saiba sequer qual foi o motivo.

Uma dessas frentes, à qual devemos mais especialmente prestar atenção, é o uso diário que fazemos das capacidades da fala e da audição.

Baixa capacidade de comunicação

Um dos maiores presentes que Deus nos deu ao nos criar foi a capacidade de nos comunicarmos através dos dons da fala e da audição.

No entanto, desfrutar algo tão valioso, qual seja, a capacidade de nos comunicar, não nos garante, por si só, a paz interior. Isso vai depender do uso que fizermos desses dons que nos foram entregues.

O dom da fala deveria nos capacitar para manifestar aos outros o próprio pensamento e aquilo que existe no mais fundo do nosso coração, enquanto o dom da audição, quando corretamente exercitado, nos permite conhecer, em maior profundidade, o coração dos que nos cercam, possibilitando-nos, dessa maneira, entrar em intercâmbio de comunicação afetiva.

Assim vai sendo tecida a comunicação humana. E para que exista comunicação, deve existir interação recíproca entre duas pessoas: transmissor e receptor.

As únicas criaturas capazes de apresentar comportamentos comunicacionais profundos, de transmitir e receber a própria interioridade, intelectual, sensorial e afetivamente, são os seres humanos.

Interagir simetricamente, procurando acondicionar a vontade de entendimento mútuo, é o que se denomina diálogo.

Quando alguém comenta que com certa pessoa *não existe comunicação*, está querendo dizer que, nesse caso, há apenas uma "relação monovalente" ou uma "relação de informação", em que as mensagens emitidas não obtêm o retorno esperado, uma vez que aqueles que teriam de dialogar apresentam uma *baixa capacidade de comunicação*.

São muitíssimos os motivos pelos quais certas pessoas padecem de escassa capacidade de comunicação. Só para mencionar alguns: falha nos modelos adquiridos desde a infância; deterioração, prejuízo ou frustração em algum momento da vida em que se quis obter uma comunicação profunda com alguma pessoa etc.

Para refletir

"No muito falar não faltará o pecado,
ao passo que é muito prudente quem modera os lábios."
(Pr 10,19)

"Quem guarda sua boca, guarda sua alma;
porém, quem é irrefletido no falar sofrerá prejuízos."
(Salomão)

O poder destruidor da crítica

É certo que a má comunicação é uma das causas mais freqüentes pelas quais a paz é perdida. No entanto, ao longo destas reflexões, não vamos tratar tanto desse problema; antes, o eixo da reflexão será outro mau uso da fala e da audição: o poder destruidor do coração hipócrita e da crítica.

Programa de rádio

Este livro foi transcrito e desenvolvido a partir da gravação de um programa de rádio sobre o poder da palavra, coordenado por mim, faz alguns anos, juntamente com a bacharel em psicologia e amiga Ema de Ferrara.

A fim de conservá-lo com o frescor e a espontaneidade originais, achei conveniente, ao passá-lo para o papel, deixá-lo no formato original de diálogo e fazer algumas poucas modificações no texto. Apenas acrescentei alguns conselhos práticos e poli alguns conceitos, para que o leitor pudesse obter maior proveito.

Além disso, vamos analisar, com a ajuda profissional da psicóloga, as causas mais comuns do espírito de condenação e seu efeito destruidor.

Igualmente, veremos como os cristãos, ao amadurecer e curar as feridas da própria história, podem conseguir, com a ajuda do Espírito Santo, ter domínio sobre a palavra, conservando e crescendo, cada vez mais, no dom da paz interior e da paz com nossos semelhantes.

Ao final de cada capítulo há uma compilação de citações correspondentes ao tema tratado. São "gotas de sabedoria" selecionadas para regar, com nova vida, nossa mente e nosso coração, quando lidas e refletidas.

Peço a nosso Senhor que o abençoe com o dom de sua sabedoria e paz, dando-lhe a graça de obter, dia a dia, uma melhor comunicação com ele e com todos aqueles que estão a sua volta.

Para refletir

"Quem alarga seu coração, estreita sua boca."
(Provérbio chinês)

"Vós, Senhor, que sois amor,
não permitais que sejamos juízes
que, do lado de fora, lançam condenações,
mas dai-nos a possibilidade
de ser, no seio da família humana,
como o fermento na massa,
um fermento capaz de levantar pesos enormes:
tudo aquilo que estava paralisado e empedernido."
(Ir. Roger de Taizé)

Narração: aprender a ouvir

Às vezes escutar com paciência é maior caridade do que dar.
(São Luís, rei da França)

Faz alguns anos, um jovem estava procurando trabalho como funcionário do serviço de telegrafia. Viu um anúncio no jornal e se dirigiu ao endereço indicado.

Ao chegar, o jovem notou que era um lugar grande, onde todos pareciam apressados e faziam muito barulho, tanto que mal se podia ouvir o ruído monótono e constante das teclas do telégrafo.

Ao atravessar o local, um letreiro indicava a todos os que procuravam o trabalho de operador de telégrafo que se sentassem e aguardassem até serem chamados a se dirigir ao escritório, que ficava no final de um longo corredor.

Havia cerca de dez pessoas interessadas no emprego, e estavam sentadas à frente dele, aguardando instruções.

De início, isso o desanimou um pouco, mas pensou que não tinha nada a perder. Assim, sentou-se com os outros para aguardar sua vez.

Dois ou três minutos depois, o rapaz levantou-se, dirigiu-se até a porta onde estava afixado o letreiro e entrou no escritório no fim do corredor.

Naturalmente, todos os outros se levantaram, entreolharam-se e começaram a reclamar.

Cinco minutos depois, o jovem apareceu na porta acompanhado do homem que fazia as entrevistas de trabalho.

O encarregado de fazer a entrevista olhou para os outros dez candidatos e anunciou: "Senhores, todos vocês podem ir, obrigado pelo interesse. O trabalho foi concedido a este jovem".

Vários deles se queixaram outra vez, e um deles falou em voz alta: "Senhor, não entendo; ele foi o último a chegar, nós nem sequer tivemos a oportunidade de ser entrevistados, e ele é quem fica com o emprego? Não acho isso justo".

O patrão explicou: "Perdoem-me, mas durante todo o tempo em que vocês ficaram aqui sentados, o telégrafo esteve enviando uma mensagem. A mensagem era: *Se você entende esta mensagem em código Morse, por favor, passe adiante. O emprego é seu*. Nenhum de vocês prestou atenção. Ninguém mais ouviu, mas ele sim. Portanto, o trabalho é dele".

Para refletir

Que ensinamento esse relato deixa para você?
Como é sua capacidade de escuta e de atenção?

Compartilhando idéias em FM[1]

Os ruídos interiores

Quisemos começar nosso encontro compartilhando essa bela história, que nos apresenta um jovem que procurava trabalho de telegrafista, um emprego no qual ainda se usava o código Morse. Diante dele havia uma dezena de pessoas, que também procuravam trabalho. No entanto, só ele conseguiu.

---

[1] FM: rádio em freqüência modulada.

Essa narração nos fala de duas coisas. Em primeiro lugar, numa época de desemprego como a nossa, a importância que tem a insistência, a constância e a tenacidade. Esse jovem não se deprimiu, embora tivesse diante de si muitas pessoas supostamente com mais oportunidades que ele para obter o emprego. Em segundo lugar, a mensagem mais profunda desse relato que quisemos compartilhar com você é saber descobrir a chave que, às vezes, no meio do ruído, da agitação, da atividade, não chegamos a perceber.

Essa chave é a voz de Deus. A mensagem de vida que o Senhor proporciona a cada um de nós, que é como um suave sussurro que se dirige ao mais profundo de nosso coração e nos dá pistas para tomar as decisões acertadas na vida.

Todavia, essa voz ou mensagem divina costuma ficar encoberta pelas preocupações, pelo ritmo acelerado de vida, pelos fastios e rancores que se alojam no coração, pelos temores e medos que vão nos afogando pouco a pouco, pelas feridas da própria história que cada um de nós carrega e, principalmente, pelas conversas superficiais ou prejudiciais...

Em certas ocasiões também é fácil se deixar absorver pela ansiedade e pela avidez de querer alcançar o sucesso, adquirir certa posição em algum âmbito da sociedade ou da Igreja e, por isso, não conseguimos ouvir a voz melodiosa e suave de Deus que está falando para nós.

Todo esse ruído interior nos impede de escutar a doce voz do Senhor e acolher a mensagem de vida plena que ele tem para cada um de nós.

Proponho agora, caro leitor, que você se faça uma pergunta: nesta etapa de sua vida, você não está um tanto ensurdecido com os ruídos do mundo? Pois, se for assim, talvez em seu coração a verdadeira mensagem sobre Jesus Cristo tenha sido abafada.

Para refletir

Convido você a se deter um momento naquele
"pensamento ou sentimento ruidoso" que você considera
que o está afetando e escute seu interior;
talvez Deus esteja lhe falando e a única
coisa que você tem a fazer
é abrir seu coração, para ouvir sua voz
e deixar-se abençoar.

Mencionemos novamente alguns dos *ruídos interiores*, de maneira que possamos ver se algum deles ainda domina nossa audição interior:

1. **As preocupações obsessivas** – A esse respeito o Senhor afirma: "Aquilo que caiu entre os espinhos são os que escutam, mas vivendo em meio às preocupações, às riquezas e aos prazeres da vida, são sufocados e não chegam a amadurecer" (Lc 8,14).

2. **A ansiedade e o ritmo de vida acelerado** – O salmista nos convida a descansar em Deus: "Em paz, logo que me deito, adormeço, pois só tu, Senhor, me fazes descansar com segurança" (Sl 4,9).

3. **Os fastios e rancores** – A Palavra de Deus é bem clara quando nos recomenda: "Desapareça do meio de vós todo amargor e exaltação, toda ira e gritaria, ultrajes e toda espécie de maldade" (Ef 4,31).

4. **Os temores e medos** – Maria, no *Magnificat*, nos lembra que a Deus "sem medo e livres dos inimigos, nós o sirvamos" (Lc 1,74).

5. **As feridas da própria história, que carregamos** – Deus nos prometeu: "Vou fazer-te um curativo, pôr remédio nas tuas feridas" (Jr 30,17).

6. **Conversas superficiais ou prejudiciais** – As Sagradas Escrituras nos ensinam: "Nada de palavrões ou conversas tolas, nem de piadas de mau gosto: são coisas inconvenientes; entregai-vos, antes, à ação de graças" (Ef 5,4).

Troca de idéias[2]

Pe. Gustavo – Boa tarde, como vai?

Ema – Boa tarde, padre. Vou bem, obrigada.

Pe. Gustavo – Você não quer se apresentar aos ouvintes, embora, possivelmente, alguns já a conheçam?

Ema – Meu nome é Ema de Ferrara, sou psicóloga e estou aqui hoje para compartilhar com vocês um tema que me parece realmente muito interessante e muito válido para nossa época.

Pe. Gustavo – Que tal se como motivação utilizássemos um canto que nos ajude a entender melhor *o dom de Deus, que é a palavra*?

Neste primeiro segmento, justamente, *queremos falar* de como utilizar bem esse dom e

---

[2] Aqui começa o diálogo com troca de idéias entre padre Gustavo Jamut e Ema de Ferrara.

como evitar seu mau uso. Ou seja, usar mal o dom da palavra através da vulgaridade, dos insultos, das palavras ofensivas, das críticas, das calúnias ou daquilo que comumente chamamos de "mexerico".

Por isso vamos nos motivar com este tema musical que se intitula "Rumores mil".[3]

Canção para refletir

Hoje gostaria de lhes contar
uma história singular
de uma empresa que existe em qualquer lugar,
que não dá nenhum lucro
e sua finalidade é apenas semear
maldade e prejudicar os outros
com rumores mil, rumores mil...

É certo que tudo o que chegar até ali
vai ser modificado pelos rumores,
rumores mil...

Sem receber qualquer salário trabalham ali
e só devem dois requisitos reunir:
uma boca enorme e duas orelhas
que estejam sempre prontas a acolher a fofoca.

---

[3] CD *Un art vocal* – Vamos a Intentar. Tradução Dora Lopez.

*Não importa quem será prejudicado desta vez,
pois, enquanto estiverem trabalhando,
a difundirão com rumores mil...*
– *Que fabricam mentiras.*
– *Que disfarçam a verdade.*
– *Que destroem reputações...
e os mantêm em ação...*
*Ouçam, amigos, com total atenção,
pois quero lhes ensinar uma clara lição:
a Bíblia nos ensina uma regra de amor:*
**entregue ao seu próximo
o melhor de você mesmo,**
por isso, conte hoje aos seus amigos a lição:
**se você falar mal dos outros,
vão falar mal de você também,**
com rumores mil, rumores mil...

Pe. Gustavo – Que ressonâncias deixa em você a letra dessa canção?

Ema – Eu pensava em uma das frases: *tudo vai ser modificado pelos rumores mil*. É assim mesmo, padre. A palavra, o senhor já disse antes, é um dom que se supõe seja para construir, mas, muitas vezes, destrói.

Pe. Gustavo – De fato, Jesus é chamado "O Verbo", "A Palavra que dá vida, que constrói".

Deus que se encarna e começa a ser a Palavra criadora. Também existe a realidade de que essa Palavra costuma não ser recebida. Do mesmo modo, também não fazemos bom uso das palavras como instrumento de comunicação. Talvez porque não se entenda bem o valor da palavra como um dom.

Ema – Acontece que a palavra em si é um símbolo, um símbolo fonético. O que ocorre é que se deve ver qual é o sentimento que se lhe imprime, o conteúdo e a quem ele é dirigido.

A influência psicossomática da palavra

Pe. Gustavo – Certa vez li um artigo sobre psicologia da comunicação que afirmava que a palavra tem poder sobre o resto do corpo, pois no cérebro existe um ponto nevrálgico, que é o da dicção, e que, à medida que vai sendo trabalhado com frases positivas, com palavras benéficas e amorosas, influencia todo o organismo da pessoa.

Da mesma forma, se a pessoa em seu falar, em seu modo de se comunicar, é pessimista, negativa e critica tudo e todos, isso também vai influenciar sua saúde, deteriorando-a de certo modo. É verdade?

Ema – Existe toda uma corrente de pesquisa, a neurociência, que se dedica precisamente a estudar isso: que a pessoa reage com todo o seu ser e não pode ser separada em compartimentos estanques.

Pe. Gustavo – Por que não nos explica um pouco o que é a neurociência?

Ema – A neurociência é uma corrente científica que estuda o sistema nervoso de um ponto de vista multidisciplinar, ou seja, mediante a contribuição de disciplinas diversas como a biologia, a química, a física, a eletrofisiologia, a informática, a farmacologia, a genética etc. Todas essas abordagens, dentro de uma nova concepção da mente humana, são necessárias para entender a origem das funções nervosas, especialmente aquelas mais sofisticadas como o pensamento, as emoções e os comportamentos.

Daí surge a influência que a comunicação exerce no organismo. Também se está analisando que possibilidades o homem tem para realizar um reaprendizado de determinados valores e condutas, positivos ou negativos.

Pe. Gustavo – Se a palavra e a comunicação têm tanta influência sobre o ser humano, em geral, e sobre o plano emocional e físico, em particular, então diante dos meios de comunicação social, como são a TV, os jornais etc., a situação se apresenta a nós de modo preocupante.

Hoje em dia basta ligar a televisão e constatar que o dom da palavra deteriorou-se, e que, além disso, é mal utilizado em muitos programas, por meio da vulgaridade, da crítica inclemente, da calúnia, das agressões e mentiras. Então, comprovo que a letra da canção *Rumores mil* é uma realidade que nos contamina massivamente. Eu me pergunto: como isso influencia nossa sociedade?

Projeção

Ema – Eu perguntaria primeiro como influencia cada um de nós. Porque há um efeito bumerangue. Quando alguém critica, difama, faz correr um boato ou algum mexerico, ocorre o que em psicologia denominamos "projeção". A pessoa projeta.

Pe. Gustavo – Vou sublinhando as palavras que não entendo bem, para que você nos explique, porque talvez alguns ouvintes sejam como eu e gostem das coisas muito bem explicadinhas.

Talvez você, como psicóloga, proceda como nós, sacerdotes, que algumas vezes dizemos palavras de teologia ou filosofia que nos são familiares, dando por certo que todos as entendem e, depois, as pessoas comentam: "Como aquele padre falou bonito! Pena que ninguém entendeu nada...". É possível que aconteça o mesmo com a linguagem da psicologia. Por isso, é muito conveniente esclarecer, de maneira que todos possam entender.

Ema – Projetar é pôr os nossos sentimentos, nosso estado de espírito, nossas emoções no outro. É um mecanismo de defesa, "situação na qual se tende a atribuir ao outro, ou outros (pessoas ou coisas), qualidades, desejos, sentimentos ou emoções que o indivíduo rejeita como próprios de si". Poderíamos considerar como uma forma particular de deslocamento, e tem a ver com estilos de conduta "paranóides". Também é chamado de projeção o estado de ânimo que uma pessoa reflete, sem que o suspeite, na interpretação do mundo que a cerca. É nos sonhos que mais se apresenta o fenômeno da projeção.

Pe. Gustavo – E então, o que acontece?

Ema – Quando alguém tem incorporado em si o mau hábito da crítica, do boato, é muito provável que esteja projetando. A pessoa coloca no outro, ou nos outros, coisas que são dela mesma; o que, de certo modo, a tranqüiliza, porque dessa forma o erro, o defeito ou o pecado não é dela, e, portanto, ela não se sente responsável.

Também existe a projeção direta, que é acreditar no pior a respeito dos outros. Nesse caso, está se tratando de fugir da própria consciência acusadora.

Por fim, a projeção complementar, que são aqueles estados de ânimo, aqueles sentimentos que se originam em mim diante da conduta do outro, mas que me deixam tranqüila de não ser assim, já que o gatilho foi a conduta do outro. Faço o outro responsável pelo que gera em mim.

Pe. Gustavo – Ou seja, falando de modo simples, é "lavar as mãos" e pôr a culpa no outro.

Ema – Ou usar um terceiro. "Não sou eu que estou dizendo; estou contando porque fulano me disse." Nessa transmissão existe toda uma corrente, que é a psicologia do boato, que realiza estudos muito profundos a esse respeito. Trata-se de passar essa transmissão de boca em boca.

> O boato, que nasce em contextos incertos e ambíguos, aparece como uma proposta de realidade em vias de confirmação, mas que, é claro, não tem bases sólidas para ser inteiramente confirmado. A intensidade do boato, seu alcance e duração são proporcionais à importância da informação que contém para os ouvintes, multiplicada pelo fator de ambigüidade ou ausência de informação mediada. O boato circula quando seu conteúdo é interessante mas faltam evidências ou informação convencional. O boato aumenta em períodos em que a tensão emocional do receptor é maior e a ambigüidade informativa cresce.[4]

Pe. Gustavo – O que motiva uma pessoa a fazer circular um boato ou somar-se a uma crítica?

Ema – Qualquer necessidade humana fora do foco da saúde interior pode dar movimento a um boato. A ansiedade e o medo são os estímulos ocultos das histórias macabras que freqüentemente ouvimos; a esperança e o desejo

---
[4] Gordon W. Allport (1897-1967). *The Psychology of Rumor.* New York, Henry Holt and Company, 1947.

se situam na base dos boatos "cor-de-rosa"; o ódio e a inveja sustentam as acusações e calúnias. À medida que o boato passa de boca em boca, ele vai se deformando cada vez mais.

Realidade distorcida

Pe. Gustavo – É como quando éramos crianças e brincávamos de telefone sem fio. A brincadeira consistia em um círculo de amigos, em que o primeiro dizia uma mensagem ou uma palavra ao ouvido do seu vizinho. Esse segundo passava a mensagem ao terceiro, e assim sucessivamente. O último tinha de dizer em voz alta a mensagem ou palavra dita pelo primeiro, a qual sempre havia mudado totalmente em seu significado.

Ema – Para explicar esse assunto, nas aulas da universidade eu mostrava uma cena da vida cotidiana. Depois, cada um ia contando ao outro o que vira. O resultado final era totalmente distorcido. Além disso, cada um relatava da cena aspectos que tocavam pontos nevrálgicos de sua própria vida.

Pe. Gustavo – Por que acontece isso?

Ema – Isso acontece porque, algumas vezes, nossa imaginação perturbada contribui poderosamente para a deformação de nossa percepção da realidade e supõe como real aquilo que existe apenas na imaginação.

Existe, em nós, uma forte tendência a objetivar aquilo que desejamos com veemência. A transformar nossas aspirações mais profundas e intensas em realidades.

As experiências demonstram que, ao longo de cinco ou seis transmissões de boca em boca, cerca de 70% dos detalhes são eliminados ou alterados, ou se acrescentam outros novos.

Influência dos meios de comunicação social

Pe. Gustavo – Ouvindo tudo isso que você compartilha conosco, posso ver com maior clareza por que nossa sociedade está assim fragmentada, justamente pela crítica, pela calúnia que, com freqüência, é suscitada entre os partidos políticos. Para desprestigiarem uns aos outros, atacam-se continuamente. Assim como certos meios de comunicação, que também fazem mau uso desse poder.

Ema – Um sinal de que temos de nos curar como sociedade é a grande quantidade de programas televisivos e de "revistas de fofocas" existentes.

Pe. Gustavo – Esse é um sinal de alerta que nos está indicando que precisamos que Jesus nos transforme por dentro e transforme todos os âmbitos da sociedade, especialmente os que trabalham nos meios de comunicação social.

Os meios de comunicação desempenham um papel fundamental, pois marcam condutas e decidem até o que é bom e o que é ruim. E não apenas isso: também indicam o que pode ser feito, como, quando e onde.

Ema – Esses meios deveriam ter-se transformado nos meios de libertação pessoal dos seres humanos, ajudando-nos a melhorar o terreno da intercomunicação e a aproximação de novas fontes de crescimento social, grupal, familiar e individual. Infelizmente, constatamos diariamente que a realidade nos apresenta uma face bem diferente.

Testemunho:
a crítica e a depressão

Pe. Gustavo – Tudo isso também se vê muito nas famílias. De fato, eu tenho o testemunho de uma mulher que sofria de depressão e começou um caminho de cura interior. Com o tempo ela descobriu que a raiz de seu problema era que todas as tardes recebia a visita de uma cunhada e, enquanto tomavam o chá da tarde, se punham a fofocar sobre todos os parentes; uma vez esgotada a parentela, continuavam pela vizinhança etc. Ela se deu conta de que uma das principais causas de sua depressão era justamente esse espírito de crítica que havia encontrado em seu coração.

Pôde ver também, Ema, muito daquilo que você nos explicou sobre a projeção, e finalmente admitiu que se colocava na posição de juiz de sua família e dos outros.

Depois de descobrir tudo isso, começou a rezar, pediu perdão através do sacramento da reconciliação e começou a recuperar-se; depois, a restaurar sua relação com seus familiares, com os quais vivia em maior conflito.

Ema – Na realidade, há momentos em que a visão pessimista da vida, a crítica e a depressão costumam estar relacionadas. As pessoas depressivas têm continuamente pensamentos desagradáveis (angustiantes, negativos, autodestrutivos, condenatórios) a respeito de si mesmas, do próximo, do mundo que as cerca e sobre o futuro que as espera.

Tais pensamentos não costumam ser totalmente conscientes e produzem-se de forma automática, sem intervenção da vontade da pessoa, o que, em psicologia, é definido como *pensamento negativo automático*.

Então, como as pessoas deprimidas consideram-se infelizes, frustradas, humilhadas, rejeitadas ou castigadas, enxergam os que as cercam e o futuro sem esperança. Daí o motivo de criticá-los. Definitivamente, é um círculo vicioso. Talvez algo parecido acontecesse com essa mulher de quem o senhor nos fala.

Pe. Gustavo – Certamente. Agora, qual é a causa disso? Porque ela, no começo, dizia "a minha cunhada", e não queria se responsabilizar por sua participação na crítica, até que, finalmente, reconheceu que ela também tinha participação ativa ao escutar e fazer eco dos comentários da cunhada.

Assumindo a responsabilidade

Ema – Algumas pessoas costumam ouvir um boato e, quando o transmitem a outro, acrescentam: "Não tenho certeza, mas ouvi dizer que... não sou eu quem diz, mas...". Essas são defesas de quem não quer se responsabilizar. É provável até que, entre aquilo que se viu ou ouviu e aquilo que se diz ter visto ou ouvido, exista todo um componente pessoal que ficou no meio de algo que não se percebe ou não se conhece.

Pe. Gustavo – Essa mulher de que lhes falei também teve de assumir uma posição firme com a cunhada e lhe dizer para "não vir com fofocas".

Ema – Em certos casos, essa firmeza é necessária, sobretudo quando existem vínculos de crítica muito arraigados.

É verdade que, às vezes, a gente diz que *é a outra pessoa*, mas a gente também acolhe o boato.

Pe. Gustavo – Qual a causa de determinadas pessoas sempre manifestarem essa tendência de recair na crítica?

Ema – Eu diria que existem várias causas. Por exemplo, o fato de a pessoa precisar se sentir importante. Faço referência àquele "Olhe, vou lhe contar algo que você não sabe". Isso dá certo poder sobre o outro. Principalmente sobre aquela pessoa com quem se fala. "Eu sei das coisas e você não"; "Soube de algo antes que você". Dá certa supremacia diante do outro. É como dizer "Sou mais importante, valho mais", e, dessa maneira, cria-se uma ascendência afetiva e destrutiva.

Pe. Gustavo – Então, deixe-me ver se entendi bem: muitas vezes a crítica reside em uma necessidade afetiva, uma afetividade não satisfeita?

Ema – Há uma necessidade de ocupar um lugar diferente e, sobretudo, aquilo que determinamos como papéis complementares. Ou seja, eu tenho o poder, e para ter poder tenho diante de mim outra pessoa que ocupa o lugar de quem se submete. Isso supõe um funcionamento deficiente nas relações, uma violação das diferentes funções, uma alteração. Poder-se-ia considerar como um funcionamento não-saudável em uma relação, seja familiar, de amizade ou outra qualquer.

A crítica afeta todas as áreas da pessoa

Ema – Além disso, como mostra a experiência, a crítica destrói e prejudica, emocional, física e espiritualmente, a própria pessoa que vive em atitude de julgar os outros.

Pe. Gustavo – Acho que é importante sublinhar isso que você acaba de dizer: o espírito crítico vai deteriorando o organismo da pessoa, isto é, fisicamente. Lembro-me de um professor da faculdade de teologia que nos dizia que o pecado da crítica é como a gripe, que não deixa apenas a pessoa doente, mas também contagia e deixa os outros doentes.

Ema – Sim, porque a crítica tem como fundo a rixa. Há um fundo de irritação por trás de qualquer crítica. A ira age como efeito bumerangue, pois volta para a pessoa e a destrói, juntamente com aquilo que ela mais ama. De fato, está comprovado que muitas das doenças psicossomáticas resultam de grandes episódios de irritação que não foram curados.

Posso rivalizar, e não necessariamente destruir o outro, mas conversar com quem quer que seja, ou com alguém que, naquele momento, possa me ouvir, ajudar e me fazer elaborar a razão de minha rixa. Como cristãos, em primeiro lugar, devemos procurar falar com Jesus na oração.

Pe. Gustavo – Bem, estamos sequiosos de continuar nos aprofundando nesse tema, mas antes vamos ouvir outro tema musical: *Nunca fales mal*. Depois gostaria de lhe fazer outras perguntas.

Pistas para a reflexão

Vocação de Filipe e de Natanael

No dia seguinte, Jesus decidiu partir para a Galiléia e encontrou Filipe. Jesus disse a este: "Segue-me!" (Filipe era de Betsaida, a cidade de André e de Pedro). Filipe encontrou-se com Natanael e disse-lhe: "Encontramos Jesus, o filho de José, de Nazaré, aquele sobre quem escreveram Moisés, na Lei, bem como os Profetas". Natanael perguntou: "De Nazaré pode sair algo de bom?". Filipe respondeu: "Vem e vê!". Jesus viu Natanael, que vinha ao seu encontro, e declarou a respeito dele: "Este é um verdadeiro israelita, no qual não há falsidade!". Natanael disse-lhe: "De onde me conheces?". Jesus respondeu: "Antes que Filipe te chamasse, quando estavas debaixo da figueira, eu te vi". Natanael exclamou: "Rabi, tu és o Filho de Deus, tu és o Rei de Israel!" (Jo 1,43-49).

a) Qual a atitude de Natanael antes de conhecer Jesus pessoalmente?

b) Qual a atitude de Jesus em relação a Natanael, levando em consideração que Jesus sabia tudo o que ele estava pensando, dizendo e afirmando?

Olhando para dentro com os olhos do Senhor

1. **Se alguma vez você já se sentiu julgado ou criticado...**
a) Quais críticas injustificadas ou calúnias o feriram profundamente na vida?
b) Pediu a Deus a graça de perdoar o autor dessas críticas e calúnias?
c) Se, ao lembrar o prejuízo que lhe causaram, sentiu dor ou ira, renove o perdão e leve-o, com a ajuda do Espírito Santo, a um nível mais profundo.
d) Sente que a crítica prejudicou sua família ou sua comunidade? O que você pode fazer tendo em vista o futuro?

2. **Se julgou ou criticou os outros...**
a) Pergunte-se se você costuma projetar seus defeitos ou erros naquilo que o incomoda nos outros.

b) Peça perdão a Deus e peça-lhe também a graça de um novo comportamento na dimensão da comunicação.

c) Termine louvando a Deus pelo que você aprendeu neste segmento, de maneira que, através do louvor, o Senhor restaure suas cordas vocais, seus lábios e os canais de comunicação.

Consagrando meus ouvidos à Virgem Maria

Você pode fazer esta oração pondo suas mãos sobre os ouvidos e pedindo a Deus que os abençoe, de modo a fechá-los para qualquer crítica e conversa inútil e abri-los para a escuta das inspirações divinas.

Consagro-te, Virgem Santíssima,
meus ouvidos,
tão surdos para escutar o Senhor,
tão surdos para entender o que me pede.
Faze-os reconhecer a voz do Senhor
que chama por meu próprio nome,
que me quer com amor eterno,
que, qual brisa, chega até mim e que, às vezes,
irrompe como o furacão.

Mãe, abre meus ouvidos para ele;
tu, que soubeste escutar,
faz germinar sua palavra em meu coração.
Mas fecha meus ouvidos
à torpe insinuação do demônio,
à voz das paixões vis, a todos aqueles que,
através das queixas,
das críticas ou das conversas nocivas
me afastam de teu lado.
Amém.

Gotas de sabedoria

"Há uma divindade que dá forma a nossos fins,
mas podemos ajudar escutando sua voz."
(Kathleen Norris)

"Alguns ouvem com as orelhas,
outros com o estômago, outros ainda com o bolso
e alguns absolutamente não ouvem."
(Khalil Gibrán)

"Ouça! Ou sua língua lhe deixará surdo."
(Adágio Cherokee)

"Quem realmente escuta Deus,
já não vive para si mesmo,
pois o fogo desse amor consumiu tudo."
(Alicia Beatriz Araújo)

"A ansiedade não consome as angústias do amanhã,
apenas a força do hoje."
(Charles H. Spurgeon)

"Meus lábios não falarão iniqüidade,
nem minha língua pronunciará mentiras."
(Jó 27,4)

"A conversa é imagem da mente.
Tal qual é um homem, assim é a sua fala."
(Autor desconhecido)

"Dissimular e não fazer caso da ofensa e da calúnia
geralmente é um remédio mais eficaz
que se aborrecer ou vingar-se.
A desatenção faz que ela se dissipe, enquanto a irritação
quase faz ver que talvez sejam justas."
(São Francisco de Sales)

"As críticas não são senão o orgulho dissimulado.
Uma alma sincera consigo mesma
nunca vai se rebaixar até a crítica.
A crítica é o câncer do coração."
(Madre Teresa de Calcutá)

"A linguagem é o que existe de mais humano.
É um privilégio do homem...
Cada palavra traz consigo uma vida,
um estado, um sentimento."
(Carmen Conde)

"É mil vezes mais fácil não dizer
o que pensamos em um momento de ira,
que nos desculparmos depois."
(Autor desconhecido)

"A dependência da televisão é o fato
mais destrutivo da civilização atual."
(Robert Spaemann)

"Cem vezes por dia enganamos nossos próprios
defeitos censurando-os nos outros."
(Michel Eyquem de la Montaigne)

"Com freqüência, é mais fácil encontrar defeitos
que pronunciar elogios."
(Dale Carnegie)

"A pessoa procura um parteiro para seus pensamentos;
outro, alguém que possa ajudar a pari-los.
Assim nasce um diálogo frutífero."
(Friedrich W. Nietzsche)

"Quem diz uma mentira não sabe
em que encrenca se meteu,
pois vai estar obrigado a inventar outras vinte
para sustentar a certeza dessa primeira."
(Alexander Pope)

"A televisão é o espelho onde se reflete a derrota
de todo nosso sistema cultural."
(Federico Fellini)

"Se julgas as pessoas, não percas tempo em amá-las."
(Madre Teresa de Calcutá)

"Pode-se curar a ferida causada por uma lança,
porém a causada pela língua é incurável."
(Provérbio árabe)

"A língua não pesa praticamente nada,
porém são poucas as pessoas que conseguem segurá-la."
(Thomas Macaulay)

"A pessoa está tão exposta à crítica como à gripe."
(Friedrich Dürremmatt)

"Se penetrarmos em nosso próprio silêncio
e tivermos coragem para avançar na solidão de nosso coração,
chegaremos até a luz, além das palavras e explicações."
(Thomas Merton)

"Cada golpe que nossa ira descarrega
certamente virá cair sobre nós mesmos."
(William Penn)

SEGMENTO 2

Canção para refletir: "Nunca fales mal"

> *Uma única palavra basta para destruir*
> *a felicidade do ser humano.*
> Chateaubriand

Nunca fales mal.
Sua língua pode ferir muito a quem
você mais quer.
Suas relações podem morrer com
muita facilidade.
Você fala coisas humilhantes
pelas costas.
Como você pode fazer isso
sem se sentir mal?
De um amigo nunca, nunca fale mal.

Que sua língua não fira
a integridade dele;
não ofenda a Deus, prejudicando-o;
de um amigo nunca, nunca fale mal.
Ouvimos dizer tantas coisas com
pouca reflexão!

*Palavras que fizeram sofrer,
causando grande dor.
Não devemos nos importar.
Não façamos o mal.
Quando ninguém escutar,
ninguém sofrerá.*[1]

Pingue-pongue de idéias. Algumas causas do espírito crítico

Pe. Gustavo – Agora vou dizer algumas palavras ou frases e a senhora vai poder dizer se têm ou não relação com o tema da palavra e da crítica.

A primeira seria: *frustrações pessoais*.

Ema – As frustrações pessoais estão intimamente relacionadas com o mau humor e a crítica, pois a pessoa que sente uma frustração profunda, em qualquer âmbito, sobretudo no emocional, acaba colocando-a para fora com muita amargura, com difamação. É como se, em seu interior, dissesse ao outro: "Se estou mal, você também deve estar".

Pe. Gustavo – Isso é feito de modo inconsciente?

---

[1] Música "Don't be talking 'bout friends", do álbum *Acapella Platinum*. Letra e música: Keith Lancaster.

Ema – Na maioria dos casos, penso que sim. Além disso, por ser de modo inconsciente, não sente culpa. Não existe consciência de culpa, porque seria muito doloroso. Nesse caso, eu diria que seria preciso um tratamento profissional.

Pe. Gustavo – *Carências afetivas infantis.*

Ema – Bem, está relacionado um pouco com o anterior. As carências afetivas sempre deixam marcas muito profundas. Sempre digo às mães e aos pais que excesso de amor não prejudica. Quando, em minha profissão, os pais me perguntam "Não lhe farei mal amando-o tanto?", eu respondo que se o amor é sadio, não prejudica. Quando se fala de amor verdadeiro, não se pode falar de excesso, pois nunca é suficiente; porém a falta, a carência de amor, de elogio, de proteção, sim.

Pe. Gustavo – Alguém pode ter sido muito criticado durante a infância?

Ema – Correto. Um adulto que durante a infância foi julgado com severidade, criticado com freqüência e se sentiu desvalorizado, vai ter a tendência de repetir o mesmo procedimento com seus filhos, criticar e desvalorizar os outros.

Pe. Gustavo – Tenho comigo um cartão em que está escrito:

> *Se uma criança vive sendo criticada...*
> *aprende a condenar.*
> *Se uma criança vive em um ambiente de hostilidade...*
> *aprende a brigar.*
> *Se uma criança vive sendo envergonhada...*
> *aprende a se sentir culpada.*
> *Se uma criança vive com tolerância...*
> *aprende a ser paciente.*
> *Se uma criança é estimulada...*
> *aprende a confiar em si mesma.*
> *Se uma criança é valorizada...*
> *aprende a valorizar.*
> *Se uma criança vive em um ambiente de eqüidade e justiça...*
> *aprende a ser justa.*
> *Se uma criança sente segurança...*
> *aprende a ter fé.*
> *Se uma criança sente aprovação...*
> *aprende a se amar.*
> *Se uma criança vive atemorizada e ridicularizada...*

aprende a ser tímida.
Se uma criança vive compadecida...
aprende a ter pena.
Se uma criança vive onde há ciúmes...
aprende a ser ciumenta.
Se uma criança é elogiada...
aprende a elogiar.
Se uma criança é reconhecida...
aprende a ter um bom objetivo.
Se uma criança vive em um ambiente de honradez...
aprende a ser honrada e a conhecer a verdade.
Se uma criança é amada...
aprende a amar os que a cercam.
Se uma criança vive em um ambiente de amizade...
aprende que o mundo é um lugar agradável para viver...
e o mais importante é que vai contribuir para concretizar esse ideal.

Ema – É assim mesmo. A crítica rouba a auto-estima da criança e isso ela arrastará consigo ao longo da vida, levando-a a se sentir menos que os outros, não valorizar as próprias capacidades e, por conseqüência, invejar os que considera superiores, em certos casos, até falando mal deles para que a defasagem que sente diminua.

Pe. Gustavo – Outra idéia: *exigências excessivas*.

Ema – Há casos em que os pais delegam ou transferem para a criança uma meta que eles próprios sonharam atingir e exigem mais do que o filho pode dar, produzindo-se, então, a frustração subseqüente. Então há momentos em que a criança vai sentir que não conseguiu realizar tudo aquilo que os outros esperavam dela.

Além disso, existem pais e professores que exigem demais e de maneira desproporcional à idade da criança ou a seu contexto familiar ou cultural.

Ou, ao contrário, em vez de criticar, há pais que, às vezes, colocam seus filhos no centro de tudo, e, por isso, a criança incorpora a idéia de que o mundo gira a sua volta. Se algo não a satisfaz fica frustrada e, de algum modo, pretende que os outros lhe digam e façam o que quer, e não o que o outro está dizendo ou quer fazer. Tais comportamentos vão se repetir na idade adulta. Então, a melhor maneira de anular aquilo que o outro diz ou faz é difamando-o mediante a crítica.

Pe. Gustavo – Cria-se uma personalidade egocêntrica?

Ema – Correto. Quando, no grupo em que convive, existe outra pessoa que passa a ser o centro ou demonstrar suas capacidades, sente-se deslocado, faz críticas e procura tirá-la de seu lugar.

Pe. Gustavo – *Espírito de destruição?*

Ema – Pode ser, destruir aquilo que não se pode dominar. Mas é preciso que digamos que a pessoa que vive criticando acaba ficando sozinha.

Por exemplo, uma mulher ou um homem com essa patologia doentia pode querer ter consigo uma pessoa que não a/o ama. Ao não poder possuí-la, tentará destruí-la por meio do boato. Quando se sente abandonada/o ou desprezada/o, costuma ser devorada/o por uma necessidade insaciável de destruir tudo aquilo que cerca quem antes dizia amar. Nesses indivíduos parece que o amor está a um passo do ódio. Então me pergunto: o que sentia era realmente amor?

O boato é sempre uma técnica de manipulação que tende a ser destrutiva. Psicologicamente falando, dizemos que a persistência em repetir uma história falsa é um fator decisivo para sua aceitação.

Pe. Gustavo – Julián Marías, doutor em Filosofia, afirmava que pessoas destrutivas sempre existiram, e em grande número; no entanto, atualmente ser destrutivo transformou-se em uma profissão. Em certos indivíduos pode se manifestar febre de poder?

Ema – Também existe a busca de poder. Se eu critico, se deixo correr boatos sobre determinadas coisas, obras ou pessoas, isso me dá um suposto poder sobre o objeto da crítica. Sinto que sou melhor, que tenho certo domínio sobre a pessoa ou a situação.

Em alguns casos, a pessoa deseja um posto, um cargo, o lugar de alguém a quem ela critica. Acentuar os supostos erros ou defeitos dos superiores pode ter como pano de fundo o afã de ocupar o posto do outro.

Pe. Gustavo – *Compulsão?*

Ema – Existe compulsão de falar. Falar por falar. Há pessoas que não conseguem ficar quietas, o que costuma ser indício de angústia ou ansiedade, de falta de clareza para especificar o objeto que as provocam, e sentem que, se ficarem em silêncio, sua imagem será desvalorizada diante do interlocutor, ou podem perder o controle sobre a comunicação, ou não serem bem compreendidas pelos outros; por isso precisam contar absolutamente todos os detalhes de um fato. Não obstante, às vezes fica-se apenas no periférico e superficial, sem chegar ao que é verdadeiramente importante.

Portanto, observamos que essa compulsão por falar possui várias origens, nem sempre relacionadas com a crítica. Embora seja muito possível que, para manter o ritmo da conversa, se caia na crítica.

Pe. Gustavo – O que é compulsão?

Ema – A compulsão é a urgência de realizar tarefas mentais ou motoras. Além disso, a compulsão produz ansiedade intensa, que é aliviada ao se realizar a tarefa compulsiva.

É diferente do impulso, que é uma força positiva que podemos controlar com a vontade. A compulsão domina a pessoa.

Também temos, como exemplo, pessoas que sofrem de compulsão em relação à comida, ou à compra de roupas ou outros objetos. Ou seja, além de satisfazer uma necessidade, a compulsão não tratada a reforça. O mesmo acontece com a compulsão de falar por falar.

Pe. Gustavo – Também se nota, no âmbito social, uma grande violência verbal. O que você diz a respeito?

Ema – Há algum tempo participei de um seminário sobre violência no sistema educacional e, realmente, víamos que o mau uso da palavra e as carências de comunicação são estopins, geram violência, e falo de provocação física, de agressões muito diretas.

Pe. Gustavo – Essa violência tem origem entre as crianças e os jovens nas escolas?

Ema – Não somente entre os jovens, entre os adultos também. Entre alguns grupos de pais e em certos âmbitos até se pode constatar, diariamente, a violência institucional.

Pe. Gustavo – Um amigo, que dá aulas em um colégio, me dizia que, infelizmente, essa violência se nota também quando há reuniões de pais e é preciso tomar juntos alguma decisão, como a viagem de formatura dos filhos...

Ema – Exatamente. Às vezes, os estopins são o fato de cada um querer impor seu ponto de vista e não querer ceder em nada, nem sequer procurando entender a opinião dos outros, desacreditando quem pensa de modo diferente.

Os filhos vão ouvindo e percebendo tudo isso e passam a repetir o mesmo modelo.

Depois vemos como, entre os jovens, nas escolas, surge todo tipo de brincadeiras, caçoadas e boatos. Com freqüência atribuímos isso apenas a eles e dizemos que "são coisas de crianças". Na verdade é o comportamento de pessoas mais velhas transmitido aos mais jovens. Eles percebem esse modo de se comportar dos adultos.

Outra oração em forma de canção

Pe. Gustavo – Proponho-lhes, antes de passar ao próximo segmento, ouvir outro belo tema. Neste caso, da Irmã Glenda, que traz como título "Não julgue".[2]

> *E você o que sabe, o que sabe de meu silêncio?*
> *Diga-me o que sabe de meus segredos,*
> *o que descobre de meu olhar,*
> *o que intui de minhas palavras.*
> *Diga-me o que sabe!*
> *E você o que sabe, o que conhece de minha alegria?*
> *Diga-me o que sabe.*

---
[2] *A solas con Dios*, Irmã Glenda.

*O que sabe de minha melancolia,
o que conhece de minha poesia,
o que intui de minha melancolia.
Você não sabe nada! Não sabe nada!
Não sabe nada!
Então, por que me julga,
se não sabe nada?
Não sabe nada, então, por que
me julga, se não sabe nada?
E eu o que sei, o que sei
de seu silêncio?
Não sei nada, não sei nada de seus
segredos, não sei nada de sua poesia.
Que sei eu de sua melancolia? Também não sei nada!*

Não sei nada! Também não sei nada!

Então, por que lhe julgo
se não sei nada?

Não sabemos nada! Então por que
nos julgamos se não sabemos nada?

Não sabemos nada,
não sabemos nada.

Para refletir

"Guarda tua língua do mal
e teus lábios de falar mentira."
(Sl 34,13)

"Quem tem o coração perverso
não encontra a felicidade;
quem falseia sua língua cairá na desgraça."
(Pr 17,20)

Buscando caminhos novos de comunicação a partir da espiritualidade

Pe. Gustavo – Através destes ciclos radiais, estivemos trabalhando, a partir de diferentes pontos de vista, a temática da cura interior e, hoje, gostaríamos de aprofundar a cura interior em relação ao reaprendizado através da fala.

Por isso, também queremos enfocá-lo como caminho de saída, para ver como se pode melhorar, pois acredito que, com estas reflexões, todos estamos sentindo o desejo de corrigir nosso modo de falar cotidiano.

Exame particular

Por exemplo, partindo da fé, temos muitos elementos que podem ser de grande ajuda para superar o mau hábito da crítica. Entre eles, o exame particular, aconselhado por santo Inácio de Loyola em seus *Exercícios Espirituais*.[3]

Isso implica que se *tomou a decisão* de afastar o mais possível, do próprio pensamento, os movimentos condenatórios; e das conversas, as queixas, as palavras críticas, a "fofoca" etc.

Consiste em escolher alguns momentos do dia — momentos bem determinados e certos, mesmo que sejam poucos — e assumir a atitude do ponto escolhido como tema para o "exame particular". Tudo o que é preciso fazer é comprovar se temos sido fiéis à decisão tomada de não recair no mesmo pecado.

Esse é um momento, um caminho, melhor dizendo... para fortalecer a união com o Senhor que quer o melhor para nós. E, para tanto, devemos almejar a transformação no pensar, no sentir, no falar e no agir.

É um momento para dar graças pelas vitórias e conquistas, para pedir perdão pelas recaí-

---

[3] Santo Inácio de Loyola, *Exercícios Espirituais*, nn. 24-31.

das e descobrir as causas, para dizer ao Senhor: "Com a ajuda de vossa graça, agora começo de novo".[4]

É a combinação, na justa proporção, do esforço humano com o esforço divino (sua graça), a fim de obter, dessa maneira, as mudanças necessárias para nossa vida.

A oração e a humildade

Pe. Gustavo – O outro ponto que me parece importante é "trabalhar", a partir da oração, a virtude da humildade, mãe de todas as virtudes e inimiga mortal de todos os defeitos.

Santo Agostinho escreveu suas *Confissões* como fruto da oração e nelas se reflete a tomada de consciência da própria fraqueza, o que leva a ter um coração repleto de misericórdia em relação ao próximo.

O santo afirma que, "na oração, encontramos nossa fraqueza ao nos encontrarmos com a grandeza e a bondade de Deus".

E a beata madre Teresa de Calcutá afirma que "através da oração nos vem o conhecimento de Deus e o conhecimento de nós mesmos.

---
[4] Ven. Pio Bruno Lanteri, Fundador da congregação Oblatos de Maria Virgem (OMV).

E o conhecimento de Deus nos dá amor; enquanto o conhecimento de nós mesmos, de nossas fraquezas, nos torna mais humildes".

Nada melhor, então, do que pedir essa virtude na oração diária e, especialmente, em cada eucaristia, para rebater a tendência de julgar os outros e nos afastarmos de qualquer forma de crítica.

Ema – Buscando caminhos novos de comunicação a partir da psicologia.

Pe. Gustavo – E, a partir da psicologia, como fazemos? Que caminhos devemos seguir? De que maneira a espiritualidade pode ajudar?

Neutralizar

Ema – Sou de opinião que, antes de mais nada, ao ouvirmos uma crítica, o que compete a cada um de nós é neutralizá-la de certo modo. Pensar que, se eu escuto, estou me tornando cúmplice do juízo que se expressa a respeito da conduta de uma pessoa, e, assim, torno-me partícipe da crítica. Estava exatamente lendo aqui uma frase de madre Teresa de Calcutá: "Quem critica o próximo vomita e se suja, e quem dá ouvidos à crítica come o vômito". Talvez ter presente as palavras dessa santa religiosa possa nos ajudar a neutralizar a crítica.

Pe. Gustavo – Na realidade é uma expressão forte, mas madre Teresa, em sua santidade, certamente sabia muito bem por que dizia isso.

Ema – Acredito que o melhor modo de neutralizar é pôr limites à pessoa que chega até mim com a crítica. Isso é difícil, padre, porque quando a gente põe limites corre o risco até de "perder" uma pessoa de quem se gosta. Então, às vezes, para conservar essa pessoa ao nosso lado, aceitamos que ela continue falando bobagens.

Pe. Gustavo – Penso que outro caminho para nos libertar da tentação diabólica de pretender julgar, censurar, condenar ou criticar os outros é nos fazermos a pergunta que a Irmã Glenda formula no canto *Não julgue*. "O que você sabe...? E eu o que sei? Então, por que nos julgamos, se não sabemos nada?".

De fato, santo Agostinho afirmava a esse respeito:

> Quem pode julgar o homem? A terra inteira está repleta de juízos temerários. Com efeito, aquele que nos exasperava, quando menos se imagina, de repente se converte e transforma-se no melhor de todos. Aquele, ao contrário, em quem

tanto confiávamos, no momento em que menos se espera, de repente cai e se converte no pior de todos. Nem nosso temor é constante nem nosso amor, indefectível.[5]

E ainda:

Se o mal alheio é duvidoso, podes licitamente ter precauções contra ele, pois estarás certo; porém, não deves condená-lo como se já estivesses certo.[6]

Ema – Além disso, quando o juízo ou a calúnia circula, pode causar um prejuízo irreparável.

Pe. Gustavo – É que, além de ser um pecado contra a caridade, pois a destrói pela raiz, do ponto de vista teológico também é um pecado direto contra a justiça. Pois a fama é um dos bens da alma que integram o patrimônio espiritual do homem. Constitui, ao lado da honra, o que há de mais valioso na dignidade da pessoa humana, e a calúnia lhe rouba esse bem.

---
[5] Santo Agostinho, *Sermão* 46.
[6] Idem, *Comentários aos salmos* 147,16.

Mudar de assunto

Ema – Outra coisa que se pode fazer com quem vive criticando (dependendo da personalidade de cada um), é mudar de assunto para que a conversa siga o rumo de outro tema mais positivo.

Pe. Gustavo – Digamos que seja uma estratégia indireta, guiada pelo Espírito Santo, para conduzir gradualmente e com psicologia o crítico a enxergar com misericórdia a situação ou a pessoa que quer criticar.

Ema – Sim, e também é um estratégia terapêutica.

Palavras ao vento não voltam mais

O seguinte relato, atribuído a são João Maria Vianney, o cura d'Ars, também nos indica, mediante um exemplo bem arquetípico, as conseqüências das críticas.

Contam que certa vez uma mulher, ao se confessar com o santo cura d'Ars, disse que havia alimentado uma fofoca tão feia contra um casal, que chegou a provocar o divórcio dos dois.

Disse também que não matava nem roubava, apenas costumava espalhar boatos ou falar demais; por isso, segundo pensava, sua falta não era tão grave. Depois pediu que ele a absolvesse.

O padre ordenou à senhora que fizesse algo muito simples: comprasse um galo no mercado, subisse à torre da Igreja e começasse a tirar as penas dele, uma a uma, jogando-as lá do alto.

Depois que a mulher terminou a tarefa, o santo pároco lhe disse que o passo seguinte era percorrer as ruas do povoado recolhendo as penas que havia jogado da torre do sino da igreja.

A mulher respondeu que isso era impossível, pois o vento as havia espalhando por todo o povoado.

"É isso mesmo", retrucou o sábio sacerdote. "Do mesmo modo, um simples comentário pode ser levado pelo vento, destruir a honra de um homem e, depois, será impossível reparar o mal que se fez. Quando você rouba a honra de alguém, não pode mais devolvê-la, pois a crítica voou por toda a região".

Para refletir

1. Há penas de alguma pessoa que você tenha jogado ao vento? Existe algum modo de remediar isso, ainda que parcialmente?
2. Peça a Deus a graça de descobrir com sinceridade as raízes do espírito judicante que possam existir em você:
   - frustrações pessoais;
   - não ter consciência do prejuízo que produz e da gravidade do pecado;
   - carências afetivas trazidas da infância;
   - críticas recebidas durante a infância;
   - personalidade egocêntrica;
   - ciúmes e invejas;
   - espírito destrutivo;
   - sede de poder;
   - compulsão para falar.
3. Peça ao Senhor a graça de ser curado interiormente de qualquer desses acontecimentos que o Espírito Santo traga à sua memória.
4. Peça a Deus a graça de entender o mistério que cada ser humano encerra e crescer no amor e no respeito diante desse mistério.

Consagrando meu coração à Virgem Santíssima

Você pode fazer esta oração colocando sua mão direita sobre o peito e pedindo a Deus que abençoe e cure seu coração, fechando-o para qualquer julgamento, crítica e sentimento negativo e, ao contrário, abrindo-o, para receber seu amor.

*Rainha da paz, eu te consagro
o mais profundo,
até o mais íntimo de mim mesmo,
até o âmago.
Consagro-te meu coração, que conheces
e já tiveste entre tuas mãos,
aquele que dispara e se revolta,
que precisa de ti
e te chama, aquele que conhece tuas pulsações
e começa a segui-las.*

*Consagro-te meu coração
com todos os seus vazios,
pois só o teu amor e o amor de Deus
podem saciá-lo e curá-lo plenamente.*

*Abro meu coração para ti com sua pobreza
e sua riqueza.
Tu és sua única Rainha.
Mãe, dá-me um coração semelhante ao teu,
que não julgue nem condene ninguém.*

*Purifica as impurezas dele,
quebra sua estreiteza, destrói suas muralhas.
Faze-o largo e belo, como o teu:
porta do céu, refúgio da paz,
fogo de amor ardente, fonte cristalina de vida,
lar do mundo.*

Gotas de sabedoria

"Se fores paciente em um momento de ira,
escaparás de cem dias de tristeza."
(Provérbio chinês)

"O verdadeiro amor não é conhecido pelo que exige
e sim pelo que oferece."
(Jacinto Benavente)

"Dê ao seu filho uma idéia construtiva
e o enriquecerás para sempre."
(Montaper)

"Afastem de si esses pensamentos inúteis
que, no mínimo, lhes fazem perder tempo."
(Josemaría Escrivá de Balaguer)

"São necessários dois anos para se aprender a falar
e sessenta para aprender a calar."
(Ernest Miller Hemingway)

"Com a crítica acontece o mesmo que com a nogueira:
não deixa crescer nada sob sua sombra."
(Antonio Gala)

"Essa geração maneja bem o controle remoto,
mas nem remotamente maneja seu controle."
(Alicia Beatriz Araújo)

"Toda reforma imposta pela violência
não corrigirá o mal:
o bom juízo não precisa da violência."
(León Tolstoi)

"O respeito do direito alheio é a paz."
(Benito Juarez)

"Com freqüência tive de engolir minhas palavras
e descobri, assim, o que era uma dieta balanceada."
(Wiston Churchill)

"Cuide de suas palavras;
que elas nunca levantem um muro entre você
e os que vivem com você."
(Tales de Mileto)

"Há silêncios que ferem, e palavras que curam."
(Autor desconhecido)

"Quando somos grandes na humildade
estamos mais próximos do grande."
(Tagore)

"Quanto mais calados estivermos, melhor escutaremos.
Se gritarmos ao mesmo tempo que outros,
perderemos a capacidade de ouvir."
(Bárbara Larmoyer)

"É conveniente que voltemos ao silêncio para saborear
mais a Palavra."
(Karl Rahner)

SEGMENTO ③

A crítica nas Sagradas Escrituras

Senhor, quem pode habitar na tua tenda?
Aquele que não diz calúnia com sua língua,
não causa dano ao próximo
e não lança insulto ao vizinho.
(Sl 15,1-3)

Pe. Gustavo – Acredito que o julgamento em relação ao outro e a crítica foram um problema desde as origens do mundo. De fato, já no livro do Gênesis o encontramos desde o pecado original.

A partir do pecado de Adão e Eva, que se irá transmitindo de geração em geração, o homem deixa de ver a mulher, e qualquer pessoa próxima, com olhos de ternura e já não se dirige a ela com o respeito que merece. Pois diz em tom acusatório a Deus: "A mulher que me deste por companheira, foi ela que me fez provar do fruto da árvore" (Gn 3,12).

Nesse versículo já aparece a atitude de querer justificar a si próprio culpando outra pessoa.

Também se nota nas primeiras comunidades cristãs que o problema possivelmente causava muito prejuízo, pois através das cartas apostólicas podemos constatar que já havia irmãos que apresentavam esse ponto fraco.

São Paulo anunciava aos cristãos da comunidade de Tessalônica:

> Temos ouvido falar que, entre vós, há alguns vivendo desordenadamente, sem fazer nada, mas intrometendo-se em tudo. A essas pessoas ordenamos e exortamos no Senhor Jesus Cristo que trabalhem tranqüilamente e, assim, comam o seu próprio pão (2Ts 3,11-12).

O apóstolo são Tiago tem uma frase que, para mim, é o cerne do capítulo: "Se alguém julga ser religioso, mas não refreia a sua língua, engana-se a si mesmo: a sua religiosidade é vazia" (Tg 1,26).

Sem dúvida, a Palavra de Deus é bem clara e não precisa de muita interpretação.

Ema – Para começarmos um caminho de cura devemos buscar um modo diferente de nos comunicarmos uns com os outros. Deve ser um esforço mútuo, e cada um deve procurar não se envolver.

Decidir e dizer: "A partir de agora vou ficar mais atento para não me envolver em comunicações mundanas", às quais até se queira legitimar colocando-lhes o rótulo de *conversas sociais*. Decidir-me a não escutar qualquer coisa que possa me prejudicar sem que me dê conta.

Pe. Gustavo – Sim, o prejuízo provocado por essas conversas, as quais podemos afirmar que não são da vontade de Deus, costuma redundar no mal-estar anímico da pessoa, levando-a a uma visão cada vez mais pessimista da vida, à perda da paz interior, ao distanciamento de pessoas amadas, ao isolamento, à solidão, às doenças físicas que decorrem da queixa mental; e, é claro, à paralisia do crescimento espiritual que se vê em tantos cristãos e tantas outras conseqüências negativas.

Um relato para refletir

Proponho-lhes que, neste momento, reflitamos sobre um belo relato que nos ensina como é importante pôr filtros em nossos ouvidos, em nossos lábios e em nosso coração, para nos protegermos das conversas que possam nos roubar a paz interior.

Os três filtros

O jovem discípulo de um sábio filósofo chega em sua casa e lhe diz:

— Mestre, um amigo esteve falando de você com malevolência...

— Espere um pouco! — atalha o filósofo. — Você já passou o que vai me contar pelos três filtros?

— Três filtros? — pergunta o discípulo.

— Sim. O primeiro é a verdade. Você está certo de que o que quer me dizer é absolutamente verdadeiro?

— Não. Ouvi uns vizinhos comentarem.

— Ao menos você terá feito isso passar pelo segundo filtro, que é a bondade? Isso que você deseja me dizer é bom para alguém?

— Não, realmente, não. Ao contrário...

— Pois é! O último filtro é a necessidade. É preciso que eu saiba isso que tanto o inquieta?

— Para dizer a verdade, não.

— Então... — afirmou o sábio, sorrindo — se não tem certeza de que é verdade, não é bom nem necessário, sepultemos isso no esquecimento.[1]

---

[1] Autor desconhecido, atribuído a Sócrates.

Ema – Ah! Sim, é um belo relato. Quem sabe todos nós pudéssemos passar nossas palavras pelos três filtros. Porque não é fácil, embora seja possível, com a graça de Deus.

Além disso, ajuda a lembrar que, realmente, quando a pessoa se esquece desses três filtros, acaba ficando preso neles, e isso a leva à doença.

Saber fazer silêncio no momento oportuno

Pe. Gustavo – Ainda outro dia conversava com uma jovem sobre o tema. Ela estava sofrendo, pois a haviam criticado injustamente, e, então, me perguntava: "O que devo fazer?". Eu a aconselhei que ficasse quieta, em silêncio. Respondi: "No momento, por ora, entregue ao Senhor a ofensa, a mentira e a dor; não se defenda".

Lembrei-me de um pensamento de são Francisco de Sales: "Não se preocupar com a ofensa e com a calúnia geralmente é um remédio mais eficaz que se incomodar e se vingar. A desatenção faz que elas se dissipem, enquanto a irritação quase faz ver que, talvez, sejam justas".

Sabemos que o Espírito Santo, quando estamos em sintonia, quando estamos ligados a ele, nos fala desse modo. Faz-nos recordar citações bíblicas ou frases de santos, ou outras coisas que são mensagens importantes para nossa vida.

Também lembrei, e comentei com ela, que Jesus, enquanto era acusado no sinédrio e buscavam falsos testemunhos contra ele, fazia silêncio. A tal ponto que seus inimigos espantaram-se e lhe perguntaram: "Nada tens a responder ao que estes testemunham contra ti?" (Mt 26,62). Jesus fala muito pouco no sinédrio e o faz quando o servo do sumo sacerdote o esbofeteia. Ele fala com um tom de amor e mansidão, que até transmite paz aos ouvintes, e que tem como objetivo não defender a si próprio, e sim buscar a conversão do coração daquele que lhe bate, porque o interroga assim: "Se falei mal, mostra em que falei mal; e se falei certo, por que me bates?" (Jo 18,23).

Depois disso, Jesus mantém o silêncio. Por quê? Porque sabe que não vai poder convencer os que estão fechados em sua obstinação. A única coisa que deseja fazer naquele momento é entregar ao Pai essa dor...

E, por isso, eu dizia àquela moça: "Entregue ao Senhor essa dor que há em seu coração, não seja escrava das palavras, porque quando a gente está mal pode dizer coisas de que vai se arrepender depois. Logo chegará o momento para conversar, com o ânimo mais sereno. E não esqueça que Jesus é o Paráclito, o defensor que afirmou: 'Eu lhes darei outro Paráclito, outro consolador, para que permaneça com vocês eternamente'"(cf. Jo 14,16).

Às vezes, quando estamos feridos e queremos nos defender, podemos fazer mais mal do que bem. Até mesmo as palavras que ferem podem ser ditas com muita sutileza, porque, como somos pessoas educadas, fiéis, não dizemos isso de modo grosseiro; podemos falar com muita "diplomacia", mas, pelo fato de não proceder de Deus, prejudicamos do mesmo modo.

Ema – Sim, por isso, nessas situações, é tão importante pedir a Deus a fortaleza que vem de seu Espírito. Especialmente quando a pessoa que recebe esse tipo de crítica é frágil, pois nem todos possuem uma fortaleza interior, a partir de seu "eu", uma fortaleza "eóica",[2] espiritual, para enfrentá-la. Então, às vezes caem em depressão, angústia, convencidos de que não po-

---

[2] Por fortaleza eóica entende-se um eu bem integrado com uma elevada capacidade de síntese e de tolerância à angústia e com um senso e experiência da realidade bem desenvolvidos.

dem superar a crítica, a difamação e a calúnia, a ponto de pensarem em suicídio.

Pe. Gustavo – No ato de criticar parece haver uma dose de algo diabólico, já que se costuma procurar a pessoa mais fraca para espalhar uma crítica ou caluniar...

Ema – Geralmente sim, padre, por isso eu falava de poder. O poder de quem critica em relação a quem considera, com freqüência, mais fraco.

Que visão você tem da vida?

Pe. Gustavo – Acho que muitas das opiniões que emitimos dependem da visão que temos da vida. Essa perspectiva está, de certa forma, determinada pelo grau de paz interior ou de amargura que carregamos. Daí a necessidade que todos nós temos de permitir que Jesus caminhe por nossa vida, curando nossa história e os traumas que ainda não tenham sido resolvidos e entregues a Deus, a fim de poder adquirir uma visão mais simples e bela de tudo aquilo que nos cerca.

Para que possamos entender melhor o que estou dizendo, desejo compartilhar com vocês um relato que contém um importante ensinamento a esse respeito.

Missa de domingo

Jane foi à igreja, em um domingo especial, e fez uma careta ao notar que o organista errou uma nota no teclado.

Quando todos deveriam estar rezando em silêncio, ela ouviu um rapaz falando, no banco de trás.

Jane percebeu que a pessoa que passava o cesto da oferenda olhava quanto as pessoas davam e ficou furiosa.

Durante o sermão, observou que o celebrante cometeu sete erros, o coro desafinou na nota mi, e ele também percebeu isso.

Enquanto se entoava o canto final, ela saiu pela porta de trás murmurando para si mesma: "Nunca mais!!! Que grupo de hipócritas!!! Como são falsos!!!".

Outra moça, chamada Linda, também foi para a mesma igreja naquele domingo, ouviu o organista tocar o canto inicial e emocionou-se bastante com a beleza da música.

Durante a missa, comoveu-se ao ouvir o testemunho de uma jovem sobre a transformação que a fé provocou em sua vida.

Quando a oferenda foi recolhida, alegrou-se ao ouvir que a Igreja estava fazendo doações para as missões.

Linda apreciou especialmente o sermão desse domingo, que deu resposta a uma pergunta que perturbava seu coração fazia um bom tempo. Animou-a a fazer algumas mudanças em sua vida. Ao sair da igreja, ela pensou: "Quem pode vir aqui e não sentir a presença de Deus?".[3]

Pe. Gustavo – Qual sua opinião a respeito? Duas pessoas em um mesmo local, e, ao mesmo tempo, dois enfoques da realidade totalmente diferentes.

Ema – Nós também vivenciamos isso muitas vezes. É o que eu dizia antes: Se a gente mostra uma pintura para uma pessoa ou a faz escutar uma música, certamente ela vai reparar nos

---

[3] Jack Canfield & Mark Hansen. *Chocolate caliente para el alma*. Buenos Aires, Atlántida Editorial, 2004. [Ed. bras.: *Histórias para aquecer o coração*. Rio de Janeiro, Sextante, 2001.]

aspectos que, por determinadas circunstâncias vividas, a levam a criticar ou a elogiar, a dizer: "realmente, que beleza...".

A queixa

Pe. Gustavo – Poderíamos afirmar que a crítica e a queixa são como duas irmãs: onde está uma, está a outra.

De fato, todos nós de vez em quando nos queixamos de algo. No entanto, tenho a impressão de que há pessoas que fazem da queixa "um esporte". É como se fossem viciadas em viver se queixando de tudo e de todos; e esse é um costume no qual investem grande parte de seus pensamentos, palavras e energias. Não lhe parece?

Ema – Sim, é como o senhor diz: há pessoas que se queixam dos pais, dos cônjuges, dos filhos, das pessoas da paróquia, do clima: se faz frio, mas também se faz calor. Enfim, têm uma queixa para cada coisa da vida. Ao mesmo tempo, estão convencidas de que as coisas são tal qual as percebem. Para quem tem o mau hábito da queixa, as coisas são como as vê, intui ou sente. Não consegue perceber que a situação ou a pessoa de quem se queixa pode ter outras facetas ou motivações desconhecidas. Por outro lado, deve se perguntar quais são os motivos pelos quais se queixa.

A queixa é uma demonstração ou exteriorização de algo que incomoda ou dói. Também pode ser uma reação espontânea para chamar a atenção ou para tentar estabelecer comunicação com alguém.

Pe. Gustavo – Buscando na enciclopédia a etimologia da palavra "queixa", vi que vem do verbo de origem latina *queror*, que significa lamentar, gemer, murmurar, suspirar. Então, quem se queixa é porque está irritado ou reclamando de algo e porque, além disso, de certo modo, quer descobrir ou averiguar algo que não consegue entender. Daí a partícula interrogativa *quare*, advérbio que significa "por quê?". Por isso, entendo que qualquer queixa ou lamentação encerra a dor ou o mal-estar de existir algo inoportuno e incompreensível para nós. Algo que supera nossa capacidade de entendimento.

Ema – Além disso, eu acrescentaria que, diante de uma pessoa que tem como costume a queixa, pode haver outras motivações que a alimentam. Por exemplo: pode ser um mecanismo de defesa para não ver algo que é conflituoso e doloroso e encobrir medos ou complexos da pessoa queixosa. Relaciona-se, então, com o que dissemos antes sobre a projeção.

Meio cheio ou meio vazio

Ema – É como o senhor comentou em certas ocasiões: ao que prestamos mais atenção, à metade do copo cheio, ou à metade do copo vazio?... Existem pessoas que sempre vêem o aspecto negativo.

Pe. Gustavo – Agora, tomando essa idéia do copo, sempre se indica que, para podermos ser felizes, precisamos aprender como focar a metade do copo cheio, em vez da metade vazia. Mas isso não quer dizer que se deva ser cego para as limitações ou defeitos, próprios ou da realidade que nos cerca, pois não seria a verdade completa.

Acho que o verdadeiro desafio da vida é ser capaz de enfocar e reconhecer ambos os aspectos: a metade cheia e a metade vazia.

Ema – É como o senhor diz: reconhecer tanto o bom como o ruim é nosso trabalho interior diário, a chave para nosso bem-estar emocional e felicidade verdadeira.

Pe. Gustavo – É certo que também não podemos ser ingênuos, mas assumir que a vida não é perfeita. Nem sempre conseguimos aquilo que almejamos, nem sempre alcançamos tudo aquilo que queremos. Assim, é preciso aprender a reconhecer e a envolver com amor as partes feias e imperfeitas de nós mesmos, de nossa vida, dos membros de nossa família, de nossa comunidade, enquanto, com a graça de Deus, trabalhamos fielmente para embelezar o mais possível nosso coração e nosso ambiente.

Para refletir

"O otimista afirma:
'Pode ser muito difícil, mas é possível'.
O pessimista afirma:
'Pode ser possível, mas é muito difícil'."
"O otimista encontra uma resposta para cada problema.
O pessimista vê um problema em cada resposta."
"O otimista sempre vê luz na escuridão.
O pessimista sempre vê escuridão no meio da luz."
(Autor desconhecido)

Pe. Gustavo – Normalmente, as palavras surgem dos sentimentos existentes no coração humano e os sentimentos vêm dos pensamentos que giram em nossa cabeça. Se eu me exercito, diariamente, no sentido de que meus pensamentos sejam otimistas, de buscar o que é bom e agrada a Deus, isso vai se refletir no campo emocional e, portanto, vai fluir através do canal das palavras.

Se, ao contrário, utilizo grande parte do tempo e das energias em pensar mal, em julgar com rigidez, em observar o aspecto pessimista, centro-me no meio copo vazio. Como aconteceu com Jane, a moça do relato da igreja. Ela estava mais atenta ao coro que desafinou, aos sete erros cometidos na homilia, às pessoas de quem não gostava... Tudo isso invade o campo emocional e se reflete também nas palavras.

Ema – E eu enfatizo que invade também o organismo.

Pe. Gustavo – Você já mencionou, em várias oportunidades, que o uso da palavra afeta o corpo e a mente. Proponho-lhe que compartilhemos um relato e que, no próximo segmento, nos explique isso... Trata-se de um conto que nos pode ajudar a refletir sobre como, freqüentemente, nossos julgamentos ou critérios errados podem trazer duras conseqüências.

Meu cão fiel

Um jovem casal, casado há alguns anos, nunca pôde ter filhos. Para não se sentirem sozinhos, compraram um filhote de pastor alemão e o amaram como se fosse seu próprio filho.

O filhote cresceu até se transformar em um belo cachorro.

Em mais de uma ocasião, o cão salvou o casal de ser atacado por ladrões; sempre foi muito fiel, queria e defendia os donos contra qualquer perigo.

Passados sete anos, o casal conseguiu ter o filho tão desejado. Estavam muito contentes com seu novo filho e diminuíram as atenções dadas ao mascote. Este se sentiu desprezado e começou a demonstrar ciúmes do bebê. Já não era mais o cão carinhoso e fiel que havia sido até aquele momento.

Certo dia, enquanto o bebê dormia placidamente, o casal preparava um churrasco no quintal. Porém, qual não foi sua surpresa quando se dirigiram ao quarto do menino e viram *no corredor o cão com a boca ensangüentada, abanando o rabo.*

O dono do cão logo pensou o pior, buscou sua arma e matou o cão imediatamente, correndo em seguida para o berço... No entanto, o que encontrou junto dele foi uma cobra degolada... O dono começou a chorar e a gritar: "Matei meu cão fiel!".

Quantas vezes julgamos as pessoas, ou, pior ainda, as julgamos e condenamos, sem conhecer suas histórias, sem saber a que se deve seu comportamento, quais são suas feridas, seus pensamentos e sentimentos... E, muitas vezes, as coisas não são tão más como parecem.

Na próxima vez que nos sentirmos tentados a julgar e a condenar alguém, lembremos da história do cão fiel. Assim, aprenderemos a não julgar ou criticar uma pessoa a ponto de prejudicar sua imagem diante dos outros...

Devemos nos dar conta de que os sentimentos das pessoas são frágeis e fáceis de ferir, mas difíceis de curar...

Consagrando minha língua à Virgem Maria

Faça esta oração com as mãos sobre os lábios e peça a Deus que os abençoe de modo a fechá-los à crítica e à conversa inútil e a abri-los para proclamar a Palavra de Deus com o poder do Espírito Santo, usando palavras gentis e amáveis a todos.

*Consagro-te, Rainha,
meus lábios e minha língua.*

*Que minha boca cante a canção
para a qual fui criado,
que minha melodia se purifique
e minha língua se limpe ao pronunciar
o fogo de teu nome, Maria.*

*Nunca minha língua badale em minha boca
como sino rachado.*

*Mãe, preenche minhas palavras
com tua verdade e tua suavidade,
que não firam nem ofendam nem critiquem.*

*Põe nelas a seiva de Cristo.
Como o teu, que meu canto proclame
as maravilhas do Senhor.*

*Em minhas palavras, chegue tua palavra
para aliviar a dor, para dissipar as trevas,
para trazer a paz e ensinar o cântico
da eterna esperança.*

Gotas de sabedoria

"A minha língua proclamará a tua justiça
e o teu louvor todo dia!"
(Sl 35,28)

"Falastrão falando dá golpe de espada,
a língua do sábio produz a cura."
(Pr 12,18)

"Atrás de um desastre, há muitos pequenos erros."
(Miguel Ángel Tapia)

"Muitas vezes o que se cala causa
mais impressão do que aquilo que se diz."
(Píndaro)

"Perseverar no cumprimento de seu dever
e guardar silêncio é a melhor resposta para a calúnia."
(George Washington)

"A dor, acolhida com fé, se converte na porta
para entrar no mistério do sofrimento redentor do Senhor.
Um sofrimento que já não tira a paz e a felicidade,
pois está iluminado pelo fulgor da ressurreição."
(João Paulo II)

"A dor é como as nuvens; quando estamos dentro dela
vemos tudo cinza, tedioso e trágico;
mas, quando a nuvem se afasta
e é dourada pelo sol da recordação,
já é glória, transfiguração e majestade."
(Amado Nervo)

"O otimista acredita nos outros,
o pessimista só acredita em si mesmo."
(Chesterton)

"Triste época a nossa!
É mais fácil desintegrar um átomo
que um preconceito."
(Albert Einstein)

"Por que devo me preocupar?
Não é minha atribuição pensar em mim.
Minha atribuição é pensar em Deus.
É atribuição de Deus pensar em mim."
(Simone Weil)

"A sabedoria não nos é dada, mas devemos
descobri-la por nós mesmos, depois de uma viagem
que ninguém pode nos poupar ou fazer por nós."
(Marcel Proust)

"Errar é humano, perseverar no erro é diabólico."
(Santo Agostinho)

SEGMENTO 4

Não contaminar com palavras ociosas a morada interior

*A boca fala daquilo
de que o coração está cheio.*
(Mt 12,34)

Pe. Gustavo – No segmento anterior, você voltava a nos lembrar da influência que a palavra tem sobre o corpo. Por que insiste tanto em que a crítica ou o pensamento negativo invadem o organismo?

Ema – Enfatizo isso porque me coube diagnosticar muitos casos de doenças psicossomáticas,[1] que, em grande medida, foram provocadas por todo esse tipo de coisas.

---

[1] Resposta física, que surge sob a forma de doença, quando algum elemento traumático produz um grau de desorganização que ultrapassa a capacidade de o aparelho psíquico dominá-la e/ou resolvê-la.

Conheci até pessoas com problemas nas cordas vocais, que conseguiram descobrir, por meio da integração da espiritualidade e da psicologia, a influência da mentalidade preconceituosa e do mau uso da palavra no desenvolvimento da doença.

Pe. Gustavo – Isso me faz lembrar de uma experiência realizada nos Estados Unidos. Li que, para realizá-la, utilizaram duas estufas iguais nas quais havia mudas de legumes da mesma espécie. Estas eram cuidadas do mesmo modo e estavam nas mesmas condições. A única diferença consistia em que, todos os dias, no decurso de três meses, em cada uma das estufas, entravam vinte pessoas.

Na primeira estufa, as pessoas eram orientadas a conversar durante duas horas sobre temas prazerosos, elogiarem-se mutuamente, cantar e dizer às plantas palavras agradáveis enquanto cuidavam delas. Prevalecia a alegria e a esperança.

Na segunda estufa, outro grupo de vinte pessoas também devia conversar entre si, mas lendo e comentando as notícias do jornal, discutindo sobre a situação social, sobre os políticos, os crimes etc. Nesse grupo prevalecia a ira, a crítica, a bronca.

O resultado final foi que, enquanto na primeira estufa, a do elogio e da esperança, as plantas cresceram e deram abundantes frutos, na segunda estufa, a maioria das plantas não só não deu frutos, como, além disso, muitas delas morreram.

Portanto, se isso acontece no mundo vegetal, se a palavra tem tal influência, é muito lógico que entre nós, seres humanos, mais sensíveis, o pensamento e a palavra exerçam influência no plano orgânico.

Por isso, gosto de convidar as pessoas que participam de retiros a olharem um pouco para dentro de si e avaliar em que consomem a maior parte de seu tempo, sobre o que pensam ou voltam sua energia mental. Costumo constatar, em minha atividade pastoral, que grande parte de nossa energia recai em pensamentos que não provêm do Senhor e que nossa vitalidade é, então, consumida por esses pensamentos. Reverter isso deve ser um passo essencial para nossa transformação, conversão e cura.

Digo com freqüência que são "pensamentos ladrões", ou "pensamentos invasores", porque roubam nossa paz interior. Roubam nossa alegria, nossa felicidade. E assim como fechamos as portas aos ladrões, ou colocamos grades nas janelas para que não entrem em nossa casa, também deveríamos fazer o mesmo com esses pensamentos. No entanto, às vezes, não nos damos conta e deixamos esses pensamentos ladrões entrarem para nos roubar a alegria do Senhor.[2]

Ema – Às vezes até os alimentamos.

Pe. Gustavo – Isso me faz lembrar das *Moradas*, de santa Teresa, onde, com outra imagem, ela nos fala desses pensamentos ladrões.

Ali, ela trata da beleza e da dignidade de nossas almas e nos convida a considerar nosso espírito como "um castelo de diamante ou de um cristal muito transparente, onde há muitos cômodos". E que no cômodo ou morada principal de nossa alma habita Deus e é para lá que devemos avançar. No entanto, a santa nos adverte:

> Não são pequenas a lástima e a confusão de, por nossa culpa, não entendermos a nós mesmos nem sabermos quem somos [...] que as almas que não têm oração sejam como um corpo paralisado ou mutilado, que, ainda que tenha pés e mãos, não manda neles. As coisas são assim: há almas tão doentes e voltadas para as coisas

---

[2] Escrevi extensamente a esse respeito em outro livro da coleção Paz interior: *O que nos tira a paz* (São Paulo, Paulinas, 2006), quando falo dos pensamentos que nos roubam a paz.

exteriores, que, para elas, não há remédio nem parece que possam entrar dentro de si; porque já estão tão acostumadas a sempre terem sido tratadas como a animália e as feras que circundam o castelo, que já são quase como elas, e por serem naturalmente tão ricas, e aptas a terem uma conversa nada menos que com Deus, não há remédio.[3]

Pe. Gustavo – O que entendo dessas palavras de santa Teresa é que essa "animália" não nos deixa avançar e são um impedimento para que a pessoa continue crescendo.

Essa animália são os pensamentos judiciosos, de crítica, que levam a pessoa a voltar-se para fora, em vez de olhar o próprio coração para buscar o rosto do "Amado" e, assim, deixar-se amar e transformar por ele.

De fato, ao guiar uma peregrinação a Ávila e estando no parlatório onde as monjas carmelitas recebiam as visitas, lembrei-me do relato da santa a respeito desse parlatório na narração de sua vida. Ela conta que, certa vez, Deus lhe fez entender que suas conversas não eram convenientes, pois encontrou o parlatório repleto de sapos de um tamanho descomunal e de ou-

---
[3] Santa Teresa de Ávila, *Moradas Primeras*, capítulo 1, 6.

tras animálias que, segundo ela, não se sabia de onde poderiam ter vindo.

Acho que, quando nossas conversas não são de Deus, nosso interior também se vê inundado de imagens semelhantes.

Não obstante, em outras ocasiões, depois de sua profunda conversão e renovação espiritual, no mesmo parlatório, conversando com são João da Cruz, ambos cumulados do amor de Deus, levitaram, elevando-se de suas cadeiras.

Do mesmo modo, quando consagramos nosso pensar e falar ao Espírito Santo começamos a nos elevar da mediocridade e da tibieza e surge em nós a paz de Deus, que é facilmente comunicável aos outros.

Ativismo

Ema – Claro que isso exige olhar para dentro de si com sinceridade. Há momentos em que até caímos no ativismo, e este pode ser um subterfúgio para não enxergar as coisas que devemos mudar em nós.

Pe. Gustavo – Às vezes, há muitos bons cristãos que não se animam a olhar para dentro de si mesmos, mas voltam-se para uma enorme quantidade de atividades. Na sua maioria, são atividades boas, solidárias, onde põem muito empenho, mas, como afirma Segundo Galilea, "negligencia-se a falta de renovação pessoal na vida do apóstolo que é a que conduz ao crescimento no ser, caindo no ativismo".[4]

Ema – É mais fácil olhar para fora do que para dentro de si. Anteriormente falamos do silêncio. O silêncio é a volta para dentro de si mesmo. Porém, escutar a si mesmo é muito difícil.

Olhar para dentro de nós mesmos, sem máscaras, costuma ser doloroso, pois descobrimos nossos erros, nossos pontos fracos, nossas feridas. A pessoa, então, prefere falar, falar, falar e não escutar. Esse é um mal de nossa época, do qual nem sequer nos damos conta. Como o senhor dizia, de santa Teresa, *não nos entendemos a nós mesmos, nem sabemos quem somos*, por essa falta de silêncio exterior e interior.

Pe. Gustavo – Noto isso particularmente quando coordeno retiros nos quais há momentos de silêncio, para que cada um possa dialogar com Deus. Algumas pessoas não querem ficar sozinhas; querem ir cantar, compartilhar, o

---

[4] Segundo Galilea. *Tentación y discernimiento*. Santiago, CEI. p. 23.

que não é ruim, mas se privam do silêncio, que lhes permitiria escutar a voz suave do Senhor. Até mesmo aos servidores, que tocam o violão nos ministérios de música, às vezes custa deixar o instrumento para fazer silêncio profundo e escutar Deus.

Para refletir

"O fruto do silêncio é a oração.
O fruto da oração é a fé. O fruto da fé é o amor.
O fruto do amor é o serviço. O fruto do serviço é a paz."
(Madre Teresa de Calcutá)

Lavar o interior

Pe. Gustavo – Certa vez, pregando um retiro sobre esse assunto, uma mulher veio conversar comigo. Ela estava muito bem arrumada, era elegante e, emocionada, me disse algo assim: "Padre, nesses dias de retiro pude me dar conta de que me lavava por fora, mas que não lavava meus pensamentos e meu coração; me dei conta de que me visto com roupas de grife, mas não ponho a túnica de Jesus".

Parece que, enquanto essa mulher fazia uma oração de contemplação, o Espírito Santo irrompeu com sua luz e o Senhor mostrou a ela isso que acabo de relatar.

Depois ela me contou que Deus havia lhe mostrado que seus pensamentos estavam repletos de ira, de crítica, de negatividade.

Não era uma mulher de falar mal, de fazer comentários negativos a respeito dos outros, ou de amolar as pessoas, mas em seu coração havia tudo isso, e Deus com sua graça mostrou-lhe que já era hora de limpar o interior do prato e não só o exterior.[5]

Ema – Todos nós trazemos muitos vazios em nosso interior, e cada um os cumula ou os preenche com coisas materiais, com roupas ou perfumes, automóveis, casas, com diversão... Para alguns o importante é ter, parecer... Mas o ter para fora, não o possuir com virtude, com todos os defeitos e qualidades do ser humano, podendo enxergá-los.

Pe. Gustavo – Assim como essa mulher foi percorrendo um caminho para limpar e purificar seu pensamento, acho que também nós podemos nos propor a fazer isso a partir de hoje.

---

[5] "Ai de vós, escribas e fariseus hipócritas! Limpais o copo e o prato por fora, mas por dentro estais cheios de roubo e cobiça" (Mt 23,25).

Para começar, proponho-lhes o seguinte texto bíblico da Carta aos Filipenses:

> Não que eu já tenha recebido tudo isso, ou já me tenha tornado perfeito. Mas continuo correndo para alcançá-lo, visto que eu mesmo fui alcançado pelo Cristo Jesus. Irmãos, eu não julgo já tê-lo alcançado. Uma coisa, porém, faço: esquecendo o que fica pra trás, lanço-me para o que está à frente. Lanço-me em direção à meta, para conquistar o prêmio que, do alto, Deus me chama a receber no Cristo Jesus.
> É assim que nós, os "perfeitos", devemos pensar. E se tiverdes um outro modo de pensar, nisto também Deus vos esclarecerá. No entanto, qualquer que seja o ponto a que tenhamos chegado, continuemos na mesma direção (Fl 3,12-16).

Essas palavras, que nos convidam a pedir a luz de Deus para ver as coisas e as pessoas do modo que Deus as vê, me fez lembrar santa Teresinha do Menino Jesus. Especialmente, nesta parte do Evangelho, porque *não somos perfeitos, mas nos lançamos em direção à meta*. Ela não deixava de centrar seu olhar interior e exterior em seu amado Jesus. Por isso, é a santa da infância espiritual, à qual todos somos chamados.

Ela não se sentia chamada a ser uma grande águia, mas sim um pequeno pardal. Uma passarinho engaiolado,[6] e, no entanto, estava centrada em Jesus e podia dar um sorriso àquela irmãzinha da comunidade que lhe era antipática e a tratava mal. A tal ponto que, certa vez, essa mesma irmã lhe perguntou: "O que você vê em mim, irmã, para estar sempre sorrindo?". Ela respondeu: "Se você soubesse, irmãzinha, que vejo Jesus...".

Então, é maravilhoso quando descobrimos que todos nós podemos receber a graça de ver Jesus que vive no outro. Até mesmo naquele que nos fere.

Essa tendência de julgar ou criticar poderia canalizar-se na vertente do rio de amor do Senhor.

Conservando a vitória interior

Pe. Gustavo – Voltando ao texto de Filipenses 3,12-16, ele também afirma: "No entanto, qualquer que seja o ponto a que tenhamos chegado, continuemos na mesma direção".

Ema – É que, com freqüência, custa conquistarmos a nós mesmos, sermos transformados e conservar as conquistas alcançadas.

---
[6] Cf. *Autobiografia*.

Pe. Gustavo – Se a pessoa foi crescendo no espírito de adoração, foi conquistando o hábito da oração diária, engajou-se no serviço, se Deus lhe deu o espírito de piedade, é preciso, portanto, se ocupar para não o perder, para não acabar desperdiçando-o, como acontece com qualquer virtude.

Ema – Uma das coisas a que devemos estar mais atentos é não cair na mediocridade, na tibieza.

Pe. Gustavo – Há o cristão frio, que nunca teve uma experiência de Cristo, mas também existe quem esteve repleto do Espírito Santo, aquele que conheceu o amor de Deus e até recebeu muitíssimos carismas, mas, depois, voltou para trás e ficou imerso na tibieza.[7]

Para não retroceder em nosso modo de pensar, falar, viver e seguir Jesus, nós, cristãos, devemos utilizar o escudo da oração de proteção, evitando, dessa forma, que Satanás nos derrote.[8]

Conversava outro dia com alguns jovens que, pela graça e pelo poder de Deus, deixa-

---

[7] "Conheço a tua conduta. Não és frio, nem quente. Oxalá fosses frio ou quente!" (Ap 3,15).

[8] Tratamos mais profundamente desse tema no livro *Proteja sua vida: a oração de proteção* (São Paulo, Paulinas, no prelo).

ram a droga. Um deles, com grande desejo de santidade, me dizia: "Renunciei à droga e não quero nem saber mais disso. Não quero mais dependência química em minha vida!".

Ema – Realmente, espantoso. É que eles haviam retornado e, em alguns casos, percebem, com mais clareza, a necessidade de mudanças profundas.

Pe. Gustavo – Antes de passar ao último segmento, proponho-lhes concluir refletindo sobre um belo relato.

Um conto para refletir

A carroça vazia

Caminhava com meu pai, quando ele parou em uma curva e, depois de um breve silêncio, me perguntou: "Além do chilrear dos pássaros, você escuta mais alguma coisa?". Agucei meus ouvidos e, momentos depois, respondi: "Ouço o ruído de uma carroça". "É isso mesmo", respondeu meu pai. "É uma carroça vazia." Perguntei então: "Como o senhor sabe que é uma carroça vazia, se ainda não a vemos?". Ele respondeu: "É muito fácil saber quando uma carroça está vazia, por causa do barulho. Quanto mais vazia a carroça, maior é o barulho que faz".

O tempo passou, tornei-me adulto e, até hoje, quando vejo alguém falando demais, interrompendo a conversa de todos, sendo inoportuno ou violento, julgando ou criticando os outros, vangloriando-se do que tem, agindo com prepotência e desprezando as pessoas, tenho a impressão de ouvir a voz de meu pai dizendo: "Quanto mais vazia a carroça, maior é o barulho que faz".[9]

Oração para a cura da língua[10]

*Graças vos dou, Senhor,
porque me destes o dom da palavra.
Eu agora clamo a vós
pedindo cura e retificação para a transmissão,
para todas as desordens de comunicação,
para a incapacidade para me comunicar,
para o medo de falar em público,
para os defeitos ao falar, para a tartamudez.*

*Eu rejeito todas as formas
de ferir a outros verbalmente,*

---

[9] Autor anônimo.
[10] Do meu livro de orações *A ti vengo Señor*, v. II.

o espírito de crítica e de calúnia,
toda blasfêmia, toda traição da língua.

Pai, derramai do céu o vosso perdão.
Fazei que, em minha família, se desenvolva
um novo poder de comunicação,
trazendo cura e bênção.
Obrigado, Senhor.

Gotas de sabedoria

"O pensamento é valioso na medida
de sua fecundidade."
(Bulwer-Lytton)

"O pensamento e a palavra são sinônimos."
(André Breton)

"A doença é o resultado não só de nossos atos,
mas também de nossos pensamentos."
(Gandhi)

"Emenda a culpa ali onde nasce;
resiste ao pensamento em sua própria
origem e evitarás o resto.
Luta contra o princípio do pensamento e vencerás."
(Isidoro de Sevilha)

"Os que foram chamados à ação se enganariam
se pensassem que estão dispensados da vida
contemplativa."
(Santo Tomás de Aquino)

"Seu futuro não é isto ou aquilo,
o dinheiro ou o poder,
a sabedoria ou o sucesso profissional.
Seu futuro, seu difícil e perigoso caminho,
é amadurecer."
(Hermann Hesse)

"A perfeição consiste em fazer a vontade dele,
em ser aquilo que ele quer que sejamos."
(Santa Teresa de Lisieux)

"A verdadeira perfeição nunca permanece imóvel,
mas sempre está crescendo prosperamente."
(Gregório de Nissa)

"O amor, e tão-só o amor, é o caminho para a perfeição."
(Santa Teresa de Lisieux)

"Cada um fala como é;
pelas palavras se conhece a intenção."
(Provérbio castelhano)

SEGMENTO 5

Como agir diante da crítica

*Senhor, livra minha vida
dos lábios mentirosos, da língua traidora.*
(Sl 120,2)

Ema – Eu também queria lhe perguntar, padre, como devemos agir quando somos criticados, caluniados, embora com o testemunho da moça que compartilhou conosco anteriormente, em parte já nos tenha respondido...

Pe. Gustavo – Como dissemos antes, não é fácil, mas vamos compartilhar alguns pontos que podem nos ser úteis nesses momentos críticos:

1. Acho que o melhor, como vimos no relato dos três filtros, é não dar ouvidos aos que chegam até nós com comentários do tipo *parece que fulano disse*, pelas razões que o próprio relato apresenta.

   No entanto, quando algo da crítica nos atingir ou o coração ficar perturbado, a primeira coisa é pedir a ajuda de Deus, para manter o espírito muito sereno. Não se irritar, não se deixar levar por um estado emocional arrebatado e irascível, não querer se justificar para buscar vingança. Procurar manter a paz.

2. Diante da crítica, a tendência natural é querer se defender. No entanto, sou da opinião de que é preferível não o fazer imediatamente. Convém deixar passar a raiva e a cólera.

    Caso seja necessário se defender de imediato, pelo bem da verdade e do bem comum, é melhor procurar fazê-lo com respeito e a maior serenidade possível.

3. Ter presente o que nos diz a Palavra de Deus: "Põe, Senhor, uma guarda à minha boca, vigia a porta dos meus lábios. Não deixes que meu coração se incline ao mal e pratique a maldade com os pecadores" (Sl 141,3-4). O Espírito Santo, o paráclito, se você confia e se entrega à direção dele, ensinará e inspirará você ao falar, como e o que dizer e quando calar. "Pois nessa hora o Espírito Santo vos ensinará o que deveis dizer" (Lc 12,12).

4. Em vez de falar com outros sobre o que disseram de você, fale com Deus. Peça a ele o discernimento necessário para entender de onde surgiu o mal-entendido, para ver de onde nasce o problema, o que existe no fundo... E peça-lhe um coração semelhante ao dele.

5. Considere isso como algo permitido por Deus, com o objetivo de ser uma bênção para sua vida, embora, no momento, você não perceba qual é. Pode ser que o Senhor queira elevá-lo a um nível de maior humildade, talvez você ainda esteja muito centrado em si mesmo, e isso impeça a concretização da obra que Deus quer realizar por seu intermédio. Talvez você seja uma daquelas pessoas que gostam de julgar os outros e Deus queira lhe ensinar o que se sente diante de uma injustiça, ou você esteja muito dependente da imagem que tem diante dos outros... Enfim, há muitíssimas possibilidades e é preciso pedir a Deus que lhe mostre por que ele permitiu isso, e, dessa maneira, aproveitar a oportunidade que a cruz da crítica ou da acusação lhe proporciona.

Como diz são Paulo: "Sabemos que tudo contribui para o bem daqueles que amam a Deus, daqueles que são chamados segundo o seu desígnio" (Rm 8,28). Se quisesse, ele poderia ter detido a crítica ou o ataque, mas os permitiu para fazer algo, para ensinar algo a você. Reze para ver como você reagiu e que ferida lhe mostra a crítica ou a ofensa que recebeu, seja qual for.

6. Dar à dor um valor co-redentor, oferecendo-a pela conversão dos que não conheceram o amor de Deus ou pela salvação das almas etc. Levando em consideração o que afirma o apóstolo Paulo: "Alegro-me nos sofrimentos que tenho suportado por vós e completo, na minha carne, o que falta às tribulações de Cristo em favor do seu Corpo que é a Igreja" (Cl 1,24). E ainda: "Eu vivo, mas não eu: é Cristo que vive em mim. Minha vida atual na carne, eu a vivo na fé, crendo no Filho de Deus, que me amou e se entregou por mim" (Gl 2,20).

Com freqüência, na oração do santo rosário, meditamos os mistérios dolorosos da vida de Jesus e de Maria, e fazemos o mesmo na Sexta-feira Santa... Nossas cruzes são uma oportunidade de nos aprofundarmos nesses momentos da vida do Senhor e de sua mãe, pedindo, para nós, as mesmas atitudes. Sofrer e ainda sorrir é a arma mais poderosa para evangelizar.

7. A serenidade interior, da qual falava anteriormente, também é necessária para ter uma atitude compreensiva com o autor da crítica. Como sugeria o padre Bruno Lanteri: "Quando não puder justificar uma ação, procure ser compreensivo com a intenção".

   Às vezes não se conhece todos os motivos pelos quais alguém age mal. Não obstante, é preciso ter presente que o amor é mais forte e que, a longo prazo, triunfa.

   Jesus anunciou no sermão das bem-aventuranças: "Felizes os misericordiosos, porque alcançarão misericórdia" (Mt 5,7).

   Esta pode ser uma boa oportunidade para enxergar além da crítica e passar a um nível maior de amor, perguntando-nos: o que posso fazer por essa pessoa para fazê-la entender que a amo em Cristo e por Cristo?

8. Peça a Deus que lhe revele se, de algum modo, é responsável por aquilo de que está sendo criticado. Se for assim, peça perdão.

Na medida do possível, procure restaurar os vínculos que se tenham partido e não desanime. Sempre há uma oportunidade para aprender com os próprios erros.

9. Este é um dos pontos mais necessários: *perdoar*. Talvez você tenha a tentação de se justificar dizendo: "Não posso". Deus alguma vez lhe disse: "Chega, seus pecados são muitos"? É claro que não! Ao contrário, disse-lhe, como a Pedro, que se deve perdoar setenta vezes sete. Além disso, cada dia dizemos a Deus, na oração do pai-nosso: "Perdoai-nos as nossas ofensas, assim como nós perdoamos a quem nos tem ofendido".[1]

10. Fechamos o círculo de como agir diante da crítica, reconhecendo que sozinhos não podemos. Precisamos de uma força superior à nossa... Como Jesus disse aos apóstolos no Getsêmani, "Vigiai e orai, para não cairdes em tentação; pois o espírito está pronto, mas a carne é fraca" (Mt 26,41).

---

[1] Se ainda assim continuar tendo problemas para perdoar, leia e medite sobre o livro *O perdão de coração: chave da paz* (São Paulo, Paulinas, 2007), da coleção Paz interior, que ensina como alcançar os vários níveis do perdão.

Conclusão do programa

Ema – Antes de mais nada, quero dizer a vocês que me senti muito bem esta tarde, na companhia de pessoas muito queridas, e realmente acredito não ser por acaso que estamos aqui, tratando deste tema. Acho que, depois deste programa, seria bom que cada um pudesse ficar em silêncio por alguns instantes, para poder observar seu interior, começar a escutar esse silêncio interno, percorrer a si mesmo conduzido pela mão de Jesus. Embora seja difícil, é possível; isso dá muita paz e acredito que é o melhor modo de neutralizar toda a angústia, as broncas, as culpas que, às vezes, atormentam tanto o coração humano.

Fundamentalmente, quero lhes transmitir que aquilo de mais belo que Deus nos deu é a vida e devemos procurar transitar por ela de modo feliz, agradecendo as menores coisas.

Às vezes, as coisas mais belas estão ao nosso alcance, mas não podemos ou não sabemos desfrutá-las; ficamos resmungando pelo passado, não vivemos o presente nem projetamos o futuro.

O passado é importante, é a história de cada um; porém ficar ancorado nele não nos permite crescer e, muito menos, desfrutar.

Oração de entrega

Tomai, Senhor, e recebei toda minha liberdade,
minha memória, meu entendimento
e toda minha vontade,
todo meu ter e meu possuir.
Tudo que tenho e possuo,
vós me destes com amor.
Todos os dons que me destes, com gratidão
devolvo a vós, Senhor.
Disponde segundo a vossa vontade.
Dai-me somente o vosso amor e a vossa graça;
isso me basta! Nada mais quero pedir.
Amém.

(Santo Inácio de Loyola)

Oração de louvor

Vamos, então, irmão ou irmã, que neste momento está aí com seu coração aberto à Palavra do Senhor: entregue-o a Deus e a Maria.

Que, para além das feridas que você tenha recebido ao longo de sua vida e da situação pela qual está passando, o Senhor queira abençoá-lo. O Senhor quer lhe dar sua presença, quer curá-lo, quer cumulá-lo com o seu Espírito Santo.

Por isso, convido-o a utilizar os lábios, a língua, as cordas vocais, o ar que entra e sai de seus pulmões, para louvar e bendizer o Senhor:

*Nós vos louvamos e bendizemos, Senhor,
juntamente com toda a humanidade, Senhor;
juntamente com toda a Igreja.
Nós vos louvamos e bendizemos, Senhor,
juntamente com o Santo Padre,
juntamente com todos
os que vos louvam e vos adoram
em todos os rincões da terra,
nos unimos para vos louvar
com os santos do céu,
eles que, dali, intercedem por nós.
Louvado sejais, Senhor,
glória ao vosso santo nome.*

Bendito sejais, Senhor,
porque nos amais, Senhor.
Bendito sejais, Senhor, por vossa luz.
Louvado sejais, Senhor, glória a vós, Senhor.
Nós vos entregamos nosso raciocínio
e a área da palavra em nosso cérebro, Senhor.
Tomai, Senhor, a área da dicção e curai-a,
ordenai-a, libertai-a, Senhor, com vosso poder.
Glória a vós, Senhor Jesus.
Nós vos pedimos, Senhor, que ponhais
as vossas benditas mãos
sobre a cabeça desses irmãos.
Abençoai-os, Senhor.
Ungi-os com o vosso Espírito,
derramai uma abundante
efusão do vosso Espírito Santo!
Glória a vós, Senhor,
sim, Senhor, bendito sejais.
Nós vos adoramos com toda a criação, Senhor.
Bendito sejais, Senhor!

Gotas de sabedoria

"Perdoar só se aprende na vida quando,
por nossa vez, precisamos que nos perdoem muito."
(Jacinto Benavente)

"A espiral da violência
só pode ser freada com o milagre do perdão."
(João Paulo II)

"Quem não agradece um pequeno favor,
não agradecerá um grande."
(Maomé)

Sumário

Introdução 7

Segmento 1
Narração: aprender a ouvir 13
    Compartilhando idéias em FM 15
    Troca de idéias... 19
    A influência psicossomática da palavra............. 22
    Projeção.. 24
    Realidade distorcida 28
    Influência dos meios de comunicação social........ 29
    Testemunho: a crítica e a depressão 30
    Assumindo a responsabilidade............................ 32
    A crítica afeta todas as áreas da pessoa.............. 34
    Pistas para a reflexão... 36
    Gotas de sabedoria 39

Segmento 2
Canção para refletir: "Nunca fales mal" 43
    Pingue-pongue de idéias. Algumas causas
    do espírito crítico... 44
    Outra oração em forma de canção...................... 53
    Buscando caminhos novos de comunicação
    a partir da espiritualidade................................... 55
    A oração e a humildade 57
    Neutralizar 58
    Mudar de assunto.. 61
    Palavras ao vento não voltam mais..................... 61
    Gotas de sabedoria 66

Segmento 3
A crítica nas Sagradas Escrituras 69
   Um relato para refletir 71
   Saber fazer silêncio no momento oportuno 73
   Que visão você tem da vida? 76
   A queixa 79
   Meio cheio ou meio vazio 81
   Gotas de sabedoria 87

Segmento 4
Não contaminar com palavras ociosas
a morada interior 89
   Ativismo 94
   Lavar o interior 96
   Conservando a vitória interior 99
   Um conto para refletir 101
   Gotas de sabedoria 103

Segmento 5
Como agir diante da crítica 105
   Conclusão do programa 111
   Gotas de sabedoria 114

CADASTRE-SE

www.paulinas.org.br
para receber informações sobre nossas
novidades na sua área de interesse:

- Adolescentes e Jovens • Bíblia
- Biografias • Catequese
- Ciências da religião • Comunicação
- Espiritualidade • Educação • Ética
- Família • História da Igreja e Liturgia
- Mariologia • Mensagens • Psicologia
- Recursos Pedagógicos • Sociologia e Teologia.

Telemarketing **0800 7010081**

Impresso na gráfica da
Pia Sociedade Filhas de São Paulo
Via Raposo Tavares, km 19,145
05577-300 - São Paulo, SP - Brasil - 2007